Keramische
Präge- und Ritztechniken

Coll Minogue

:Haupt

Keramische Präge- und Ritztechniken

Coll Minogue

Haupt Verlag
Bern • Stuttgart • Wien

Dank

Mein Dank gilt allen, die mir Bildmaterial und Informationen zur Verfügung gestellt haben. Ohne ihre Großzügigkeit wäre dieses Buch nie entstanden.

Die englische Originalausgabe erschien bei A&C Black Ltd., GB-London, unter dem Titel *Impressed and Incised Ceramics* von Coll Minogue

Copyright © Coll Minogue 1996, 2001

Die deutsche Ausgabe basiert auf der 2., überarbeiteten Auflage (2001) der englischen Ausgabe.

Aus dem Englischen übersetzt von Ansgar Tolksdorf, D-Linz
Satz und Umschlag der deutschen Ausgabe: Thomas Heider, D-Bergisch Gladbach

Umschlagabbildungen:
vorne: Schale von Siddig El'nigoumi, *Foto: Coll Minogue*
hinten: Gefäß von Antonia Salmon

Bibliografische Information der *Deutschen Bibliothek*:
   Die Deutsche Bibliothek verzeichnet diese Publikation in der Deutschen Nationalbibliografie; detaillierte bibliografische Daten sind im Internet über http://dnb.ddb.de abrufbar.

ISBN 3-258-06706-6

Alle Rechte vorbehalten
Copyright © 2004 für die deutsche Ausgabe by Haupt Berne
jede Art der Vervielfältigung ohne Genehmigung des Verlages ist unzulässig

www.haupt.ch

Inhalt

Hinweise zu Gesundheit und Sicherheit   6
Einleitung   7

Teil 1   Prägetechniken
1 Abdrücke von natürlichen und künstlichen Objekten   12
2 Schnurabdruck   22
3 Stempel   27
4 Rollstempel   35
5 Schlaghölzer   40
6 Großflächige Abdrücke   45
7 Henkel und Füße   49
8 Verformen durch Abdrücke   56
9 Flächendeckendes Dekor   62
10 Techniken kombinieren   67

Teil 2   Ritztechniken
11 Ritzen und Sgraffito   70
12 Kämmen   78
13 Schnitzen   83
14 Intarsien   91

Teil 3   Persönlicher Ausdruck
15 Gesten in Ton   102
16 Zeichnen in Ton   105
     Schlussbemerkung   109

Bibliografie   110
Index   112

Hinweise zu Gesundheit und Sicherheit

Bei manchen der in diesem Buch – besonders in den Kapiteln über Ritztechniken – beschriebenen Verfahren wird mit trockenem bzw. halbtrockenem Ton gearbeitet. Wenn die Möglichkeit besteht, dass die Arbeit mit Ton und anderen keramischen Materialien zu Staubentwicklung führt, sollte immer eine Staubmaske oder ein Atemgerät getragen werden, das Mund und Nase bedeckt und mit den für den Sicherheitsstandard geeigneten Filtern ausgestattet ist.

Einleitung

Das Prägen in eine weiche Oberfläche, um einen Abdruck zu hinterlassen, oder das Einritzen eines Zeichens sind archaische Tätigkeiten. Wenn wir Fußabdrücke in feuchtem Sand hinterlassen oder mit einem Stock darin schreiben oder malen, dann bereitet uns das ein gewisses Vergnügen, auch wenn wir wissen, dass diese Spuren vergänglich sind. Ein Zeichen in einem Material zu hinterlassen, das dieses Zeichen bewahren kann, ist eine andere Erfahrung. Eine Fläche von feuchtem, frisch geglättetem Zement hat eine magische Anziehungskraft. Wir verspüren den Drang, einen Hand- oder Fußabdruck oder

Muschelabdruck

Li Ding (Dreifuß), China, westliche Zhou-Dynastie, 1027-771 v. Chr., H 14 cm, ø 14 cm. Steingut. Prägemuster (wahrscheinlich Matte). *Glasgow Museums: The Burrell Collection (38/37).*

unsere Initialen zu hinterlassen in dem Wissen, dass sie unvergänglich sein werden, wenn der Zement trocken ist. Und dann gibt es den Ton und seine einzigartige Kombination von Eigenschaften – die Plastizität, die Fähigkeit, Eindrücke zu empfangen und zu bewahren, und die Art, wie er durch die Einwirkung von Hitze verwandelt wird.

Diese Eigenschaften hat sich der Mensch zunutze gemacht, seit die ersten Objekte aus Ton hergestellt wurden. Schon immer haben Töpfer/innen Gegenstände aus ihrer Umgebung zur Verzierung von Tonoberflächen verwendet. Auf prähistorischen Gefäßen finden sich Abdrücke u.a. von Muscheln und Knochen. Ebenso gibt es Prägungen von künstlichen Objekten, wobei manche speziell für diesen Zweck hergestellt wurden (Stempel, Rollwalzen), während andere dem Verwendungszweck angepasst wurden. Viele dieser Techniken werden bis heute weltweit angewendet. Dies überrascht in gewisser Weise, denn die Möglichkeiten der Verzierung von Tonoberflächen haben zugenommen. Trotzdem haben die direkten ursprünglichen Verfahren nichts von ihrem Reiz verloren – Gefäße aus allen Epochen belegen das.

Natürlich steht den Töpferinnen und Töpfern heute eine erheblich größere Vielfalt an künstlichen Objekten zur Dekoration ihrer Arbeiten zur Verfügung. Aber genau wie die prähistorischen Dekorationswerkzeuge ein Abbild der damaligen Lebensumstände waren, so widerspiegeln die heute für den gleichen Zweck verwendeten Materialien die Zeit, in der wir leben. Dieser Gesichtspunkt wird im vorliegenden Buch immer wieder durch den Einfallsreichtum und die Kreativität belegt, mit denen Keramiker/innen heute Alltagsgegenstände einsetzen. Einige betrachten die eingeprägten und -geritzten Spuren als Dekoration, mit der eine Form verziert oder ergänzt wird, um sie interessanter zu gestalten, oder um eine Struktur zu schaffen, die durch die jeweilige Brenntechnik zusätzlich belebt wird. Für andere ist Prägen oder Ritzen ein wesentlicher Bestandteil der Formgebung. Wieder andere nutzen diese Techniken zur Veränderung der Form und somit als grundlegenden Teil des Herstellungsprozesses. Und dann gibt es auch noch Künstler/innen, für die der Akt des Prägens oder Ritzens selbst einen Teil des allgemeinen künstlerischen Ausdrucks darstellt.

In seinem Buch *Warren MacKenzie – An American Potter* schreibt David Lewis:

MacKenzie stellt seine Werkzeuge zum Gravieren, Kannelieren und Schnitzen größtenteils selber her aus Holz, Bambus, Metallbändern oder Gummi. Er hält ständig Ausschau nach seltsamen Objekten, mit denen er die Oberfläche von Gefäßen formen oder verändern kann. Viele stammen aus Trödelläden, Eisenwarengeschäften oder aus den Abteilungen für Küchengeräte in Supermärkten. Beim Durchstöbern seiner Werkzeugkiste fand ich neben seinen normalen Töpferwerkzeugen einen Käseschneider, einen Schneebesen, eine Käsereibe, eine Muskatreibe, einen gezackten Teigschneider, eine Ahle, eine Raspel, ein feines Drahtsieb, Butterhölzer mit verschiedenen Mustern, grobstollige Reifen eines Spielzeugautos und eine Gleitrolle für Möbel, in deren Oberfläche dreieckige Vertiefungen gefeilt waren.

Diese Beschreibung dürfte auf viele der Künstler/innen zutreffen, deren Arbeiten in diesem Buch beschrieben werden, und auf den Inhalt ihrer Werkzeugkästen. Unter die Begriffe »Prägen« und »Ritzen«

fallen fast alle Dekorationstechniken, die vom feuchten bis zum lederharten Zustand ausgeführt werden können. Um das weite Feld der verschiedenen Produkte etwas einzuteilen, die allesamt im weitesten Sinne in Präge- oder Ritztechnik hergestellt werden, habe ich zehn Kapitel über Prägetechniken ausgewählt und vier für den Bereich Ritztechniken. Teil drei besteht aus zwei Kapiteln, bei denen es sich um Darstellungen der persönlichen Ansätze zweier Künstler handelt, die mit Ton arbeiten und Techniken anwenden, die sich grob als Prägen und Ritzen bezeichnen lassen.

Bei der Kapiteleinteilung wurde klar, dass die Unterscheidungen bisweilen verschwommen sind, denn nicht immer war es möglich, die diskutierten Techniken klar voneinander abzugrenzen. Wenn etwa ein Stück Schnur über eine Tonoberfläche gerollt wird, um eine geprägte Struktur zu hinterlassen, könnte man dies auch als Rollstempeltechnik bezeichnen. Ich habe dieser Technik aber ein eigenes Kapitel gewidmet, statt sie im Kapitel über Rollstempel zu behandeln. Ähnlich gibt es in der Ritztechnik eindeutige Graubereiche zwischen den Kapiteln, etwa zwischen Ritzen und Schnitzen. Nachdem ich die Definitionen der Begriffe im Lexikon nachgeschlagen hatte, musste ich letztlich selbst entscheiden, wie die Arbeiten einzelner Keramiker/innen bzw. die Informationen zu bestimmten Techniken zugeordnet werden mussten.

Im gesamten Buch sind Darstellungen von Gefäßen aus verschiedenen Ländern und Epochen verstreut. All diese Werke stehen als Beispiele für diverse Methoden der Dekoration und der Oberflächenbehandlung, die man zu den Präge- und Ritztechniken zählen kann. Meine Auswahl an historischen Beispielen war vorwiegend von meinen eigenen Vorlieben beeinflusst: Gefäße aus der japanischen Jomon-Epoche; britische und irische Keramik aus dem Neolithikum (Jungsteinzeit) und der frühen Bronzezeit; frühe Keramik von den Kykladen und zypriotische Keramik aus der Bronzezeit. Dabei ist die Jomon-Keramik am häufigsten vertreten, dies u.a. deshalb, weil es sich dabei um eine sehr lange Epoche handelt (sie reicht von etwa 10 000 v. Chr. oder früher bis 250 v. Chr.), in der viele der Techniken, mit denen sich dieses Buch befasst, ausgiebig angewendet wurden.

Ich persönlich habe beim Schreiben dieses Buches den größten Nutzen aus der Recherche und Untersuchung der großen Vielfalt von prähistorischen, historischen und zeitgenössischen Keramiken gezogen. Plötzlich sah ich Prägungen und Ritzspuren auf Stücken, wo ich sie zuvor nie wahrgenommen hatte. So wurde ich ermutigt, mehr zu sehen als die Form, Oberflächenstrukturen sorgfältig zu studieren und nachzuforschen, auf welche Art verschiedene Zeichen entstanden und Struktureffekte erzielt worden sind. Ton eignet sich wohl besser als jedes andere Material dazu, vom gebrannten Stück Rückschlüsse auf seine Fertigung zu schließen.

Das Verständnis dafür, wie ein Effekt auf einem jahrtausendealten Gefäß erzielt wurde, ermöglicht uns auch eine Identifikation mit diesem Objekt und vielleicht auch mit dem Töpfer, von dem das Werk stammt. Wenn dieses Buch die Leser/innen zu einer genaueren Beobachtung und einem besseren Verständnis der Arbeiten unserer Vorfahren und zeitgenössischer Keramiker/innen anzuregen vermag (und dazu ermuntert, mit den Techniken zu experimentieren), dann hat es in meinen Augen sein wichtigstes Ziel erreicht.

Teil 1
Prägetechniken

Behälter, China, Han-Dynastie, 206 v. Chr.-220 n. Chr., H 23,5 cm, ø 33 cm. Steingut. Eingedrücktes Dekor (wahrscheinlich mit einem Stempel). *Glasgow Museums: The Burrell Collection (38/43)*.

1. Abdrücke von natürlichen und künstlichen Objekten

NATÜRLICHE OBJEKTE

Abdrücke von natürlichen Objekten gehören seit je zur Geschichte des Töpferns. Fingerabdrücke dürften zunächst zufällig entstanden sein und aus den Techniken (Aufbauen und Quetschen) resultiert haben, mit denen Ton zu Objekten geformt wurde. Abdrücke von Fingerspitzen und Fingernägeln als Hinweis auf Handformungsmethoden sind auf Fragmenten von Figuren entdeckt worden, die in Dolni Vestonice in der früheren Tschechoslowakei entdeckt wurden und die etwa 24 000 v. Chr. entstanden sind (laut Radiokarbonmethode zur Altersbestimmung). Auf späteren Keramiken hingegen finden sich regelmäßige Abdrücke von Fingerspitzen, die eindeutig zur Dekoration und Strukturierung von Gefäßoberflächen angebracht worden sind.

Geschichte

In Japan werden seit 10 000 v. Chr. Töpferwaren hergestellt, und dieses Ereignis markiert auch den Beginn der Jomon-Kultur. Einige der ältesten Scherbenfunde weisen erhabene Tonwülste auf, die durch Quetschen mit den Fingern entstanden. Zunächst dürften diese Wülste ein Resultat des Formungsverfahrens gewesen sein, bei dem schmale Platten oder abgeflachte Stränge aus Ton durch Quetschen miteinander verbunden wurden, wodurch sich schmale Wülste ergaben. Bei anderen Scherben scheint dieses so genannte »Linearrelief« dadurch entstanden zu sein, dass Streifen aus Ton angebracht wurden, die vermutlich rein dekorativen Zwecken dienten. Es wurden auch Scherben gefunden, bei denen die Wülste ein schraffiertes Muster aufweisen sowie Muster, die durch wellenförmiges Quetschen der Kanten entstanden. Nach dem »Linearrelief« erschienen auf der japanischen Keramik als nächste Oberflächenverzierung Abdrücke von Fingernägeln. Diese wurden ringförmig entlang des Randes, als vertikale Reihen oder in diagonal auf der Oberfläche verlaufenden Mustern angelegt. (Die so genannten »Nagelabdrücke«, die im späteren Verlauf der Jomon-Epoche erscheinen, wurden offenbar mit dem Ende eines gespaltenen Bambusstocks hergestellt.) Auch Abdrücke von Muscheln waren eine Methode der Oberflächendekoration auf Jomon-Gefäßen.

Beispiele für Abdrücke von Fingerspitzen finden sich auch auf britischer Keramik des Neolithikums und der Bronzezeit und sind besonders geläufig auf Töpferware aus dem zweiten Jahrtausend v. Chr. Sie erscheinen als große ovale Eindrücke, manchmal in Paaren, oder sie sind als komplexere Muster angelegt. Auch Abdrücke von Fingernägeln sind während dieser Periode oft auf Keramik zu finden. Durch Drücken eines Fingernagels in weichen Ton wurde eine deutliche Halbmond-Form erzielt. Paarweise eingedrückt bewirkten die Fingernägel eine gespreizte V-Form, die sich in Reihen anlegen ließ und somit ein Fischgrätenmuster darstellte. Man fand komplexe Muster, bei denen sich Fischgrätenmuster aus vertikalen und horizontalen Reihen von Fingernagelabdrücken abwechseln, die von geritzten Linien eingerahmt sind. Auch mit Knochen von Vögeln und anderen Tieren wurden Dekore hergestellt. Das Ende eines kleinen Knochens wurde mehrfach in weichen Ton gepresst, um ein übergeordnetes Muster zu schaffen. Die Form der Prägung ließ sich verändern, indem man die Knochenspitze in einem anderen Winkel in den Ton drückte. Von der Verwendung eines weiteren natürlichen Gegenstandes für die Dekoration von Tonoberflächen zeugen Tonkelche aus dieser Zeit: Abdrücke von Muschelrändern finden sich auf Keramiken aus den Ausgrabungsstätten der britischen Nordküste.

Ein letztes Beispiel für die Verwendung von natürlichen Gegenständen sind die Prägungen mit Blättern auf der Unterseite einiger konischer Becher, die in der Keros-Syros-Kultur (ca. 2700-2200 v. Chr.) auf den Kykladen in der Ägäis gefertigt wurden. Vielleicht entstanden diese Prägemuster zufällig beim Trocknen der Gefäße vor dem Brand. Möglich wäre aber auch, dass die Abdrücke bewusst angebracht wurden, um die undekorierten Gefäße zu verzieren. Für die zweite Möglichkeit spricht die symmetrische Anordnung und die Tatsache, dass die Blätter fest genug in die Unterseite eingedrückt wurden, um eine tiefe und deutliche Struktur zu hinterlassen.

Technik

Wenn natürliche Objekte wie Blätter, Fruchthülsen, Muscheln, Gräser usw. in weichen Ton gedrückt und wieder entfernt werden, hinterlassen sie Eindrücke, die an Fossilien erinnern. Und wie das vor Millionen Jahren entstandene Fossil nie seine Faszination verliert, so hat auch das Wissen einen Reiz, dass ein Abbild in Ton, und sei es noch so zart, durch den Brand festgehalten wird. Dennoch geht es beim Einsatz natürlicher Objekte zur Dekoration von Gefäßen um mehr als das Festhalten des Abdrucks von einem Blatt oder Grashalm. Um die Zeichen erfolgreich zu integrieren, die beim Prägen mit natürlichen Objekten in einer Tonoberfläche entstehen, sind mehrere Faktoren zu berücksichtigen: die Auswahl von Objekten, deren Form und Struktur zu den Gefäßen passen, und der Einfluss von Glasuren, Brenntechniken, Zeichen oder Farben auf die Struktur. Wichtig ist es, von Anfang an über ein Gesamtkonzept der Wirkungen zu verfügen, die man erreichen will, sodass man die Objekte zu einem Muster anordnet oder diese Prägungen als Teil eines Dekorationsplans benutzt.

Moderne Praktiken

Heutzutage bedienen sich viele Töpfer/innen natürlicher Objekte zum Dekorieren ihrer Arbeiten. Zu ihnen gehört Micki Schloessingk (GB), die ihre salzglasierten und im Holzofen gebrannten Werke häufig mit Muschelabdrücken versieht. Oft dekoriert sie ihre aus Platten hergestellten Teller zusätzlich mit Muscheln. Micki schreibt:

> Ich liebe das Eindrücken von Muscheln, weil es so unglaublich einfach ist. Mit der Muschel drücke ich in den festen, aber nicht ganz lederharten Ton und trage dann Engobe auf. Manchmal stelle ich die Gefäße zum Brennen auch auf Muscheln anstatt auf Tonerdepolster. Die Muschel löst sich auf und hinterlässt einen fossilienähnlichen Abdruck im Ton. Mit dem Daumennagel ergänze ich das Dekor, indem ich Linien in den Ton zeichne. Die

Micki Schloessingk (GB) 1994: Teller aus Tonplatte, 10 x 10 cm. Eingeprägtes Muscheldekor. Holzbrand, Salzglasur. *Foto: Graham Mathews.*

Salzglasur wird von den feinen Linien der Muschel angenommen, wodurch eine lebhafte Wirkung entsteht. Jede Muschel hat ein anderes Muster.

Muscheln werden auch in andere Objekte gedrückt, etwa gedrehte Vasen- und Flaschenformen. Durch die Salzglasur und den Holzbrand wirken die Arbeiten ruhiger, weniger glänzend, als wenn mit anderen Brennstoffen (Gas oder Öl) gearbeitet wird. Der unaufdringliche Muschelabdruck passt zur Gesamtwirkung: Formen, Farben und Strukturen bilden eine harmonische Einheit.

Der amerikanische Töpfer Jack Troy schafft mit geschrühten Stempeln, die ein Naturobjekt zum Motiv haben, Strukturen auf den Oberflächen seiner Gefäße aus Porzellan und Steingut. Zu den verwendeten Objekten gehören Kohl- und Klettenblätter. Auch Fossilien und geschrühte Stempel mit Seilstrukturen verwendet Jack gerne für Prägungen auf seinen Oberflächen. Zu den möglichen Einflüssen auf seine Arbeit meint er:

> Am meisten interessiert mich die Jomon-Keramik. Weil es keine erklärenden Kommentare aus der Entstehungszeit über sie gibt, strahlt sie eine solche Kraft und Feinheit aus, dass wir erkennen müssen, dass unser Begriff von Schönheit sich in 10 000 Jahren kaum geändert hat.

Jack brennt seine Werke oft in einem Anagama-Ofen. Die Wirkungen dieser Brenntechnik auf seine Stücke beschreibt er so: »Der Brennvorgang, bei dem die Flamme direkt auf das einwirkt, was ich bewusst geformt habe, kommt meiner Absicht entgegen, auch die subtilsten Unterschiede in der Tiefe der Oberfläche hervorzuheben. Wenn alles gut geht.«

Jack Troy (USA) 1990: Platte, 40 x 33 x 4 cm. Strukturiert mit einem geschrühten Stempel mit dem Abdruck eines Kohlblattes. Porzellan, gebrannt im Anagama-Ofen. Natürliche Ascheglasur.

Einige Künstler sehen das Eindrücken von Objekten als integralen Bestandteil ihres künstlerischen Ausdrucks. Das Objekt bleibt im Ton und verbrennt im Ofen, oder es wird durch einen Brand bei niedriger Temperatur verändert, sodass die Fragmente im gebrannten Ton verbleiben. In den späten 1970ern und frühen 1980ern stellte der ungarische Künstler Imré Schrammel eine Serie von Reliefs her, die aus Abdrücken von Vogelkadavern bestanden. Nach dem Brand blieben nur das Skelett und ein geisterhafter Abdruck des Vogels im Ton zurück. Diese Reliefs wurden ausgestellt und bekamen als Titel Äußerungen über das Verhalten der Menschen gegenüber der Natur.

KÜNSTLICHE OBJEKTE

Fast gleichzeitig mit der Verzierung von Tonoberflächen durch natürliche Objekte schritten die Menschen voran, indem sie Gegenstände benutzten, die sie für diesen Zweck geformt oder verändert hatten.

Geschichte

Prähistorische und historische Funde liefern Hinweise darauf, dass Töpfer aus Holz, Knochen oder Hörnern durch Zuschneiden oder Schnitzen Objekte schufen, die sich für Abdrücke in Ton eigneten. Scherben von einigen der ältesten in Japan gefundenen Tonobjekte weisen Spuren auf, die offenbar dadurch entstanden sind, dass ein kantiger Stock (wahrscheinlich eine Art Streichholz) fortlaufend über die Tonoberfläche gerollt und gedrückt wurde. Eine Weiterentwicklung dieser Technik bestand darin, dass Dekore in kurze Stäbe geschnitzt und diese über die Tonoberfläche gerollt wurden (siehe Kapitel über Rollstempel).

Ein Beispiel für Gegenstände aus Knochen, die als Werkzeug zur Dekoration von Gefäßen benutzt wurden, sind die Kämme, mit deren Abdrücken die Töpferware des Neolithikums und der Bronzezeit versehen wurde. Diese Kämme hatten Zacken und eine gebogene Form und bestanden aus polierten Fragmenten von Knochen. Durch Eindrücken eines solchen Gerätes in lederharten Ton entstand eine Linie aus kleinen Quadraten oder Rechtecken. Diese Technik kam ausgiebig auf Kelchen zum Einsatz zur Herstellung dekorierter Bereiche (siehe Seite 62) oder ringförmig auf der gesamten Außenseite des Gefäßes, wobei nicht weniger als 2000 bis 5000 einzelne Kammzahnabdrücke ein einzelnes Gefäß verzierten. Eine weitere Technik, mit der in dieser Zeit Spuren auf der Töpferware hinterlassen wurden, war die Verwendung spitzer Geräte aus Holz oder Knochen. Die Spitze wurde schräg in die lederharte Tonoberfläche gedrückt und dann beim Herausziehen leicht über die Oberfläche gezogen. So entstanden dreieckige Abdrücke, die oft diagonal in Reihen angelegt wurden.

Moderne Praktiken

Ich brenne meine Werke im Holzofen, und manchmal benutze ich verschiedene Klötze und Leisten aus Holz für die Formgebung wie auch für Strukturen auf Tonplatten, aus denen ich Schalen herstelle. Im Folgenden beschreibe ich die Technik dafür.

Nach dem Ausrollen einer Tonplatte auf einem fein gewebten Stück Stoff wird diese auf die gewünschte Größe zugeschnitten. Dann werden nacheinander die Kanten des Stoffs über die Kanten der Platte gefaltet. Ein Finger fährt über dem Stoff über die vom Zuschnitt noch scharfen Kanten, um sie zu glätten. Dann wird die Platte mit einem anderen Stück Stoff bedeckt und mit Prägungen versehen, indem man auf die Platte klopft, z.B. mit der Kante eines Holzstücks. Durch die Stoffzwischenlage werden die Spuren weicher. Den Stoff lässt man auf dem Ton und legt einen Holzklotz als Model darauf und dreht das Ganze um, sodass die Platte auf dem Model liegt. Mit einer Gumminiere reibt man über den oben liegenden Stoff und drückt so die Platte über den Model, sodass die Schalenform entsteht. Nun zieht man den Stoff ab und lässt die Platte antrocknen. Dann werden Stücke eines Tonstrangs zugeschnitten und als Füße an die Schale angarniert. Die Schale darf nicht zu lange auf dem Model trocknen. Andererseits darf sie nicht zu früh vom Model

Links: Kelch, Perthshire, Schottland, ca. 2450-1600 v. Chr., H 13,4 cm, Ø 14,7 cm. Die Dekoration aus zwölf Winkelreihen entstand durch schräges Einstechen eines spitzen Werkzeugs oder Spatels in die Oberfläche.
© *The Trustees of the National Museums of Scotland (unregistriert).*

Oben: Ausschnitt einer Platte von Coll Minogue. Holzgebranntes Steinzeug. *Foto: John McKenzie.*

Paul Soldner (USA): Skulpturale Form, H 67 cm, B 91 cm, T 56 cm. Gedreht und verformt. Abdrücke von Schuhsohlen und Stoff. Engobeauftrag. Niedrigtemperatur-Salzbrand.

Über eine ausgerollte Tonplatte wird ein Tuch gelegt, ein Abdruckmuster wird kreiert und dann ein Formstück positioniert.

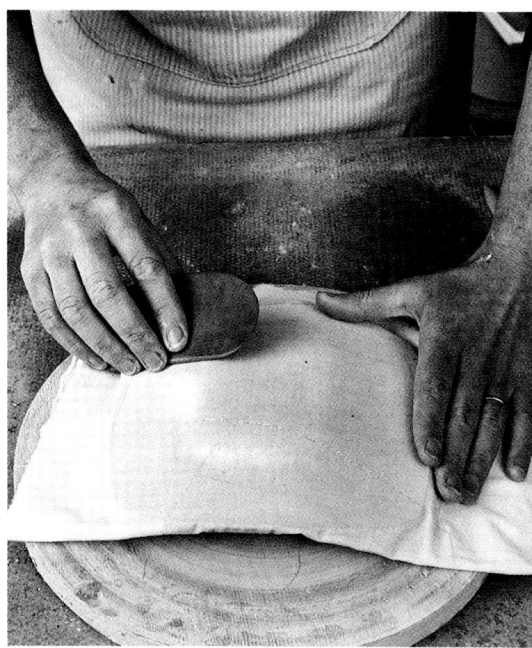

Mit einer Gumminiere wird die Platte über dem Former in eine Tellerform gebracht.

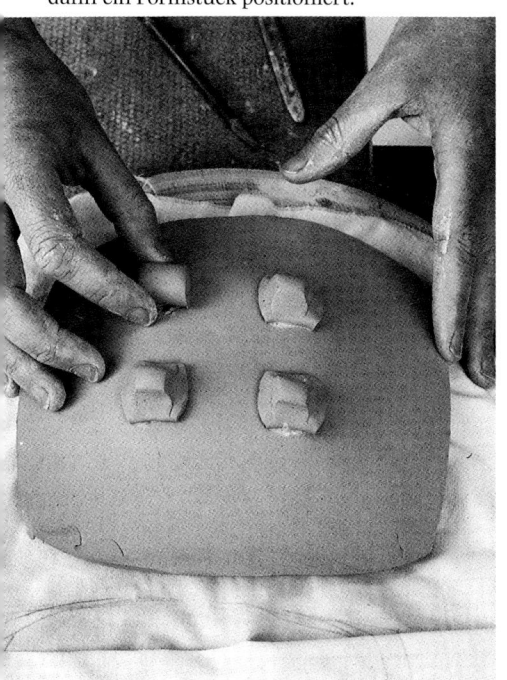

Stücke von einer Tonrolle werden als Füße angarniert.

Drei tellerförmige Platten vor dem Brennen (Ausschnitt). *Foto: Paul Adair.*

Kleiner Krug, Tell-el-Yahudiyeh-Keramik, Ägypten, 1650-1551 v. Chr., H 11,2 cm, Ø 5,8 cm. Zickzacklinienmuster, vermutlich mit einem Kamm mit quadratischen Zähnen hergestellt. Gedreht, Boden angesetzt. *Ashmolean Museum, Oxford (1888.268)*.

getrennt und richtig herum gestellt werden, weil sie absacken könnte. Daher soll die Trocknung gut überwacht werden. Bei anderen Schalen dienen die vom Model hinterlassenen Abdrücke als Basis für die Dekoration, die aus Abdrücken von Muscheln oder Stempeln oder aus Kammspuren bestehen kann.

Viele Töpfer/innen reizt am Holzbrand die Tatsache, dass der Ton im Brand von der Flamme und der Flugasche »dekoriert« wird. Dabei wirken sich Branddauer, Bauweise des Ofens und die verwendete Tonmasse alle auf das Ergebnis aus. Die Strukturen, die durch die gerade beschriebene Vorgehensweise angebracht wurden, werden durch den Holzbrand sanft betont, ohne dass die Spuren von den Farbeffekten und den Ablagerungen von Flugasche ablenken.

Der amerikanische Keramiker Paul Soldner nutzt bei der Fertigung seiner Skulpturen künstliche Strukturen, indem Alltagsgegenstände während des Aufbauens der Stücke in den Ton gedrückt werden. Er kommentiert dies so:

> Das liegt zum Teil daran, dass mich der Gedanke reizt, dass wir als Künstler schon immer das Leben, das uns umgibt, in unserer Arbeit reflektieren. Woraus besteht denn unsere Umgebung, wenn nicht aus der Kleidung, die wir tragen, dem Profil eines Autoreifens, Plastikkisten usw., und Ton ist besser als jedes andere Medium geeignet, ein präzises Abbild jedes Objekts wiederzugeben, das in ihn gedrückt wird. Darüber hinaus nutze ich die organischen Eigenschaften von Ton und Feuer, um den Eindruck der von mir intuitiv in den Ton gedrückten Gegenstände zu verstärken.

Neben dem Prägen mit Alltagsgegenständen gefällt es Paul, »Schablonen aus Kofferpappe herzustellen, die Bilder aus Zeitschriften darstellen. Dabei kann es sich um Werbung handeln, aber auch um Fotos, die ich von Leuten gemacht habe.« Diese Schablonen werden dann in den Ton gedrückt. Paul dreht seine Stücke meistens und bearbeitet sie weiter – durch Beschneiden, Stempeln, Eindrücken von Objekten usw. Später werden Engoben aufgetragen und dann im Salzbrand bei niedriger Temperatur gebrannt. Dave Roberts hat dazu in *Ceramic Review* (Nr. 109 – Jan/Feb 1988) geschrieben:

> Soldner beherrscht und vereint eine breite Palette von Variablen bei Dekoration und Brand und verleiht so der Plastizität und Zugänglichkeit des Tons eine Stimme im Rahmen der Überlieferung menschlicher Spuren. Diese Objekte tragen mehrere Bedeutungsschichten und zeugen von einer meisterhaften Synthese von Prozess und Steuerung.

Der russische Künstler Vladimir Tsivin ist bekannt für seine Torsi, die an antike Skulpturen erinnern. Eine seiner Techniken zur Erzeugung subtiler, an Textilien erinnernder Effekte besteht darin, dass er gerippte Gummimatten in Tonplatten drückt, aus denen seine Skulpturen konstruiert werden. So entsteht eine strukturierte Oberfläche mit parallelen Linien. Details werden nicht ausmodelliert – die Form eines Torso, die unter der »textilen« Abdeckung nur angedeutet wird, scheint sich nach außen zu zwängen, was eine enorme Wirkung entfaltet.

Die Werke von Vladimir Tsivin und von Paul Soldner demonstrieren eindrucksvoll, dass sich durch die Einbeziehung von einfachen, alltäglichen Gegenständen sehr ausdrucksstarke keramische Skulpturen herstellen lassen.

2. Schnurabdruck

Der Abdruck eines Stücks Schnur auf einer weichen Tonoberfläche ist vielleicht die gebräuchlichste Methode der Gefäßdekoration. Aber im Verlauf der Geschichte des Töpferns sind Schnüre auch anders eingesetzt worden: ringförmig um das Gefäß eingedrückt; um Stöcke gewickelt, die über die Oberfläche gerollt wurden; um Schlaghölzer gewickelt, mit denen das Gefäß durch Schlagen geformt wurde, wobei ein Schnurmuster entstand; zu verschiedenen Mustern geflochten oder gesponnen, die beim Rollen über den Ton diverse Abdrücke hinterließen.

Geschichte

Jomon, der Name der japanischen Epoche, die etwa von 10 000 v. Chr. bis 250 v. Chr. dauerte, bedeutet »Schnurabdruck« oder »Schnurmuster«. In der gesamten Epoche wurden mit Schnur Abdrücke auf der Oberfläche von Gefäßen hinterlassen. Die Techniken reichten vom einfachen Umwickeln der Daumenspitze mit Schnur, die dann in den Ton gedrückt wurde, über das Eindrücken von Schnur mit den Fingerspitzen bis hin zu komplexen Effekten. Diese wurden erzielt, indem man Schnurstücke miteinander verdrehte, um Stöcke wickelte und damit über die Tonoberfläche rollte oder indem man Schnüre für dekorative Wirkungen verknotete. Ein, zwei oder vier Stücke wurden verdreht oder geflochten, sodass viele Struktureffekte ermöglicht wurden. Auch Fischgrätenmuster wurden mit verdrehter Schnur geschaffen, indem man linksdiagonale Streifen mit rechtsdiagonalen Abdrücken abwechseln ließ. Durch die Technik des Umwickelns von Stöcken mit Schnur ergaben sich verschiedene Muster wie Fischernetz, Holzmaserung und Kette. Für die Fischernetzoptik wurde eine Schnur diagonal so um einen dünnen Stock gewickelt,

Scherbe eines Behälters, aus Hokkaido, Japan. Jomon-Epoche, H 33 cm, B 17,8 cm. Dekoration mit Streifen aus Rollschnurabdrücken. © *The Trustees of the National Museum of Scotland (1914.139).*

Kelch, West Lothian, Schottland, ca. 2450-1600 v. Chr., H 14,6 cm. Vollständig dekoriert mit Prägungen von gedrehter Schnur, dazu drei Linien auf der Innenseite des Randes. © The Trustees of the National Museum of Scotland (EG 47).

dass zwischen den Schnurwicklungen Zwischenräume blieben. Dann wurde mit einem anderen Stück Schnur in die entgegengesetzte Richtung quer über die erste Schnur gewickelt. Beim Rollen über den Ton entstand ein Fischernetzabdruck. Auch durch Verknoten von Schnüren mit einfachen oder doppelten Knoten und anschließendem Abrollen auf Ton wurden Muster kreiert. Schnurabdrücke beschränkten sich meist auf bestimmte Bereiche des Gefäßes und bildeten einen Teil eines Gesamtdekors, bei dem diese Technik mit anderen wie Ritzen und Schnitzen kombiniert wurde, wodurch kunstvolle Muster entstanden.

Verschiedene Schnurdekore finden sich auch auf »Kelchen« des Neolithikums (siehe Kapitel 1). Eine dieser Techniken besteht aus Linienabdrücken von gedrehter Schnur, die meist über die gesamte Außenseite des Kelches verliefen, bisweilen auch über die Innenseite des Randes (siehe Foto oben).
Auch kurze Schnurstücke wurden eingedrückt, um auf diese Weise wiederkehrende Fischgräten- oder Gittermuster zu erzeugen.

Eine weitere Technik, die bei Lebensmittelgefäßen und Urnen dieser Zeit zum Einsatz kam, war das Dekor mit gewickelter Schnur. Hier wurde verdrehte Schnur um sich selbst oder um ein anderes Kernmaterial gewickelt, sodass kurze, dicke Stücke entstanden, die im Ton segmentierte Abdrücke hinterließen, die auch als »Maden« bezeichnet werden (siehe Foto Seite 49).

Technik

Bevor man sich an komplizierte Dekorationsmethoden wagt, beginnt man am besten mit der direktesten Technik, bei der ein kurzes Stück Schnur über eine Tonoberfläche gerollt wird. Gut eignet sich eine weiche Kordel mit einer schönen Struktur. Kordeln mit losen Enden eignen sich weniger. Nylonschnur ist sehr vorteilhaft, denn das Material ist besser haltbar als Kordeln aus natürlichen Fasern. Die Enden des Schnurstücks müssen vor der Verwendung gesichert werden, sonst fransen sie aus. Wenn die Schnur aus Nylon ist, kann man die Enden versiegeln, indem man sie zusammenschmilzt. Man kann sie aber auch mit Faden, dünner Schnur oder Zwirn fest umwickeln.

Nach dem Drehen des Gefäßes empfiehlt es sich, grobe Drehrillen mit einer Schiene zu glätten, damit eine ebene Oberfläche entsteht. Das Gefäß lässt man eine Zeit lang antrocknen, dann wird die Schnur in Wasser getaucht, damit sie nicht an der Oberfläche haftet. Ein Stück von 10 bis 12 cm lässt sich am einfachsten handhaben. Bei langsam drehender Scheibe oder indem man um das Gefäß herumgeht, rollt man langsam das Schnurstück über die Wölbung. Dabei beginnt man mit der Schnur an den Fingerspitzen und rollt sie in Richtung der Handfläche. Wichtig ist, dass die Gefäßwandung auf der Innenseite mit der anderen Hand abgestützt wird. Wenn der erste Ring um das Gefäß herum fertig gestellt ist, versucht man am besten gar nicht, den nächsten direkt anschließend anzulegen, sondern lässt die Ringe sich überlappen. So erzeugt man eine fortlaufende Wirkung und vermeidet störende Säume. Hat sich die Schnur mit Ton zugesetzt, lässt sie sich in Wasser auswaschen, bevor man fortfährt. Diese Art von Dekoration eignet sich für Ton in verschiedenen Feuchtegraden, wobei die Ergebnisse unterschiedlich sind: Je weicher der Ton ist, desto tiefer kann der Eindruck werden. Manche Töpfer/innen legen gerollte Schnurdekore auf dem frisch gedrehten Gefäß an, andere warten einen weichlederharten Zustand ab, bevor sie weitermachen. Je trockener die Tonoberfläche ist, desto flacher und undeutlicher wird der Abdruck. Das Schnurrollen ist eine sehr vielseitige Dekorationstechnik; da das Schnurstück biegsam ist, kann es auf konkaven Oberflächen (die Innenseite von Schalen) ebenso angewendet werden wie auf konvexen (Außenseite bauchiger Formen) oder flachen Oberflächen.

Moderne Praktiken

Der englische Töpfer Svend Bayer verwendet oft gedrehte Kordel für die Dekoration seiner Werke, zu denen auch große Pflanzgefäße gehören, die bis zu 66 cm in Höhe und Durchmesser erreichen. Diese Gefäße stellt er her, indem er zunächst den unteren, schalenförmigen Teil dreht, diesen etwas antrocknen lässt und dann große Wülste auflegt, mit denen er weiterdreht. Sobald der Rand fertig ist, lässt er das Gefäß eine Weile trocknen. Dann wird ein Stück gedrehte Kordel über die Außenseite des Gefäßes gerollt, wobei die Streifen des Dekors einander immer überlappen. Im unteren Bereich des Gefäßes bleibt eine

Svend Bayer (GB): Teller. Dekoration aus Rollkordel und Stempelabdrücken. Holzgebranntes Steinzeug. Natürliche Ascheglasur.

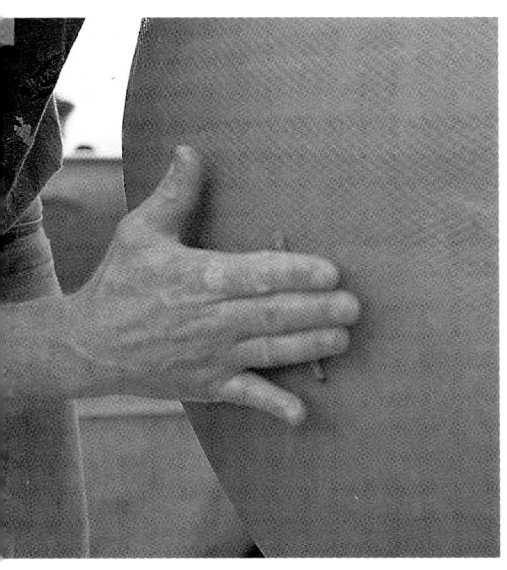

Ein kurzes Stück Schnur wird über die Gefäßoberfläche gerollt, wobei ein Abdruckmuster entsteht. *Foto: Coll Minogue.*

Ausschnitt des fertigen Gefäßes mit Schnurabdrücken auf der Oberfläche, Henkel strukturiert mit Rollstempel, aufgesetztes Tonbällchen mit Stempelabdruck. *Foto: Coll Minogue.*

große Fläche undekoriert. Dann werden teilweise vorgezogene Henkel angebracht, fertig gezogen und die Enden als große Bandhenkel angarniert, die mit einem schmalen Rollstempel verziert werden, den Svend auch über die Stellen rollt, an denen die Henkel mit dem Gefäß verbunden sind. Schließlich werden runde Kissen aus kleinen Tonkugeln geformt und zwischen den Henkeln und auf deren Höhe auf die Wandung gedrückt und mit einem Stempel versehen, der ein Linienmuster erzeugt. Dann ist die Dekoration beendet. Svend brennt seine Gefäße in einem 7m³ großen Holzofen mit Gegenzug. Durch die Flammeneinwirkung und den Ascheanflug des Holzbrandes wird die Schnurstruktur oft noch zusätzlich betont. Bevor Svend 1975 sein Atelier in Devon einrichtete, bereiste er Südostasien, dessen traditionelle Keramik ihn bis heute beeinflusst.

Auch Jonathan Garratt (GB) bevorzugt den Holzofen, und auch er dekoriert seine Gartengefäße aus Terrakotta oft mit Schnurmustern. Eines seiner Dekore erzielt er wie folgt: Nachdem er zwei Drittel der Außenfläche eines flachen Pflanzgefäßes mit Schnur dekoriert hat, zieht er einen schmalen Rollstempel senkrecht von oben nach unten über das Gefäß, sodass das Dekor in Bereiche eingeteilt wird. Dann wird am oberen Ende jeder dieser Linien eine kleine Tonkugel angebracht, um das Dekor zu vervollständigen (siehe Foto Seite 26).

Schnurdekore können auch eine Vorstufe für Einlegedekore sein, etwa im Werk des japanischen Töpfers Tatsuzo Shimaoka. Er streicht Engobe über die Abdrücke, die durch das Rollen eines Stückes Schnur auf der Oberfläche eines Gefäßes entstanden sind. Wenn die Engobe getrocknet ist, wird sie abgeschabt, sodass das Muster zutage tritt, das die Engobe bildet, die in den von der Schnur geschaffenen Vertiefungen geblieben ist. Besonders effektiv ist diese Methode, wenn die Farbe der Engobe mit der des Hintergrundtons kontrastiert.

Pflanzgefäß von Jonathan Garratt mit Dekor aus Schnurabdrücken und Rollstempeln (vor dem Brand).

Wie bei den meisten der hier beschriebenen Techniken kommt die mit Schnur erzeugte Oberflächenstruktur stark zur Geltung, wenn sie mit einer eingefärbten transparenten oder halbtransparenten Glasur versehen wird. Ein schönes Beispiel ist die Schale des Amerikaners Warren MacKenzie (siehe Foto unten), die mit rechteckigen Rollschnurbereichen und geritzten Begrenzungslinien verziert und mit einer Temmokuglasur überzogen ist (die in den Vertiefungen des Musters dunkel zusammenläuft und in den erhabenen Bereichen ins Rostrote bricht).

Warren MacKenzie (USA): Schüssel. Dekor: Rollkordel und Ritzen.

3. Stempel

Im Rahmen dieses Buches bezeichnet »Stempeln« das Eindrücken eines eher kleineren Objektes in weichen Ton, um eine Prägung zu hinterlassen.

Geschichte

Stempeldekore finden sich auf Gefäßen der Keros-Syros-Kultur (ca. 2700-2200 v. Chr.), die auf den Kykladen hergestellt wurden. Oft kamen Stempel auf den »Bratpfannen« zum Einsatz. Diese hatten meist die Form einer Scheibe, einen flachen Rand (daher die Assoziation mit einer Pfanne) und kurze »Griffe«, deren Form variierte. Über ihre Funktion ist nichts Genaues bekannt, aber ihre sorgfältig dekorierten Oberflächen lassen vermuten, dass sie etwas Exquisites waren und vielleicht in Ritualen zum Einsatz kamen. Die auf der Insel Syros entdeckten Exemplare sind vom Stil her aufwändiger als die von anderen Inseln. Auf dieser Keramik treten drei Dekorationsmotive immer wieder auf: kleine, in wechselnden Reihen angeordnete Dreiecke, die ein Zickzackmuster bilden, konzentrische Kreise und Spiralen, die oft miteinander verbunden sind (fortlaufende Spiralen). Die Stempel, mit denen diese Prägungen gefertigt wurden, waren vermutlich aus Holz. Stempeldekore sind oft mit Ritzmustern kombiniert. Die Oberfläche der Gefäße ist meist hochglänzend poliert und rot oder schwarz. Beispiele für Gefäße mit Dekoren aus sich wiederholenden Stempelmotiven liefert die meroitische Epoche in Ägypten (ca. 300 v. Chr. – 400 n. Chr.). Diese Gefäße (Schalen, Vasen und Tassen) wurden auf der Scheibe gedreht und waren dünnwandig. Die Stempelabdrücke wurden mit einem kleinen Zierstempel in Streifen um das Gefäß herum wiederholt. Da die Wandungen dieser Gefäße so dünn waren, entstand durch Eindrücken des Stempels innen eine deutliche Erhebung. Die Farbe der Gefäße ist Ledergelb oder ein warmes Rosa.

Auch in der angelsächsischen Töpferei vom 5. bis 9. Jahrhundert wurden Stempel ausgiebig zu Dekorationszwecken genutzt. Diese Stempel wurden aus verschiedenen Materialien hergestellt, etwa aus Geweihen, Zähnen, Knochen, Ton und evtl. auch aus Holz. Auch mit Teilen von Schmuck wurden in dieser Zeit Stempelabdrücke gemacht. Die

»Bratpfanne«. Kykladen-Inseln in der Ägäis, Keros-Syros-Kultur, ca. 2700-2200 v. Chr., Ø 18,5 cm. Stempeldekor. *Ashmolean Museum, Oxford (1971.842).*

Stempelformen reichten von einfachen Kreuzen, Kreisen, Quadraten und Dreiecken bis hin zu komplizierteren geometrischen Mustern – Kreis im Kreis, Gittermuster, Halbmonde und Wagenräder. Stempelornamente auf angelsächsischer Keramik wurden meist mit anderen Dekorationsmethoden kombiniert, z. B. mit Rillenlinien (siehe Foto unten). Oft wurden mehrere Stempeldekore auf einem Gefäß angebracht.

Während der koreanischen Silla-Dynastie (668-935 n. Chr.) waren Stempeldekore weit verbreitet. Große Urnen und andere Gefäße wie Krüge, Schalen und Waren aus unglasiertem Steinzeug wiesen komplizierte Stempeldekore auf. Wiederkehrende Motive waren Dreiecke und konzentrische Kreise. Später, während der Koryo-Dynastie (935-1392 n. Chr.) benutzte man gestempelte Prägungen als Basis für Einlegemuster (siehe Kapitel 14). Die Stempel waren aus Bambus, Holz, Ton und manchmal aus Metall. Diese Technik kam auch in der Yi-Dynastie zum Einsatz, die der Koryo-Dynastie folgte.

Stempeldekore waren ebenfalls auf englischer Keramik des Mittelalters sehr beliebt. In manchen Fällen wurde ein Stempel direkt in die Gefäßoberfläche geprägt, in anderen drückte man damit in Tonbällchen, die auf dem Gefäß angebracht wurden.

Technik

Fast alles lässt sich als Keramikstempel benutzen. Der einzige einschränkende Faktor ist die Größe des verwendeten »Werkzeugs« (das Prägen von Ton mit großen strukturierten Flächen wird später behandelt). Im Folgenden befasse ich mich vor allem mit kleinen und vorzugsweise selbst gemachten Stempeln.

Zur Herstellung von Stempeln eignen sich eine Reihe verschiedener Materialien, u.a. Ton, Gips, Holz und Draht. Am einfachsten in der Anwendung dürfte dabei Ton sein. Um einen Stempel anzufertigen, rollen Sie eine kurze, dicke Tonrolle aus, aber nicht zu kurz, damit sich der fertige Stempel gut halten lässt. Stellen Sie mehrere Exemplare gleichzeitig her. Ein Ende flachen Sie ab, indem sie die Rolle auf eine glatte, flache Oberfläche drücken, bis der Kopf den richtigen Durchmesser hat. Bedenken Sie, dass der Stempel noch schrumpfen wird. Lassen Sie den Stempel fast lederhart trocknen und schnitzen oder schneiden Sie dann Ihr Dekor in das abgeflachte Ende. Man kann auch Ton wegschneiden, sodass das Dekor erhaben stehen bleibt. Nach dem völligen Trocknen werden die Stempel bei Schrühtemperatur gebrannt. Brennt man bei einer höheren Temperatur, verlieren die Stempel ihre Porosität und

Angelsächsisches Gefäß, England, 5.-9. Jahrhundert n. Chr., Ø 24 cm. Dekoriert mit zwei Stempelformen und mit geritzten Linien.
Ashmolean Museum, Oxford (1927.77).

Sheila Casson (GB) 1993: Krug, H 12,5 cm. Prägedekor. Der blumenförmige Stempel wurde aus einem zurechtgebogenen Stück Draht hergestellt. Salzglasiert. *Foto: Ben Casson.*

bleiben an weichem, feuchtem Ton kleben. Mit Stempeln lassen sich verschiedene interessante Wirkungen erzielen. Wenn man ein Motiv wiederholt oder verschiedene Stempel kombiniert, kann man ein spannendes Dekormuster aufbauen. Will man ein erhabenes Oberflächenmuster schaffen, so kann man ein kleines Stück sehr weichen Ton auf die Oberfläche eines Gefäßes reiben und dann mit einem Stempel festdrücken. Auf dem Krug von Sheila Casson (siehe Foto vorne) wird ein weiterer Anwendungsbereich des Stempels sichtbar: Viele Keramiker/innen versehen ihre Werke mit einem eigenen persönlichen Zeichen. Am häufigsten kommen vermutlich Tonstempel zum Einsatz, aber auch aus Speckstein geschnitzte Stempel, Fertigstempel aus Gummi oder Metall oder Stempel aus Holz, Gips oder Draht finden dabei Verwendung.

Moderne Praktiken

Maureen Minchin (GB) benutzt neben anderen Dekorationstechniken gerne auch Stempel, wenn sie die Platten herstellt, aus denen sie ihre im Rakuverfahren gebrannten Kästchen zusammensetzt. Geschrühte Stempel, in geschrühten Modeln geformte Medaillons, Holzstücke und Alltagsobjekte wie Schrauben und Muttern, all dies wird zur Schaffung von opulenten Oberflächen

Rechts: Takeshi Yasuda (Japan/GB): Teekanne mit Stempeldekor. Oxidierend gebranntes Steinzeug.

Unten: John Glick (USA) 1985: Behälter mit Deckeln, Ø max. 25 cm. Dekoration geritzt und gestempelt (mit Stempeln aus geschrühtem Porzellan), darüber verschiedene Glasuren. Porzellan. *Foto: Dirk Bakker.*

verwendet, die durch den Rakubrand weiter veredelt werden. Nachdem sie Platten in der gewünschten Form zugeschnitten hat, drückt Maureen zunächst mit einem geschrühten Stempel ein Muster in die Mitte jeder Platte. Dann werden entlang den Rändern mit dem Ende eines Holzstücks zwei Reihen dreieckiger Abdrücke angelegt. Auf die V-formigen Bereiche der Umrandung werden Tonkugeln gesetzt und mit kleinen blattförmigen Stempeln festgedrückt. Als Nächstes legt man blattförmige Medaillons an. Diese werden in einer geschrühten Form hergestellt, die durch wiederholtes Eindrücken eines geschrühten Stempels in eine Tonplatte gefertigt wurde. So lassen sich mehrere Medaillons gleichzeitig herstellen. In diesem Stadium der Dekoration wird das Kästchen zusammengesetzt, während der Ton noch relativ weich ist. Mit Tonwülsten werden die Fugen von innen verstärkt, dann die Füße angebracht. Sie bestehen aus schmalen Tonplatten, die zu zylindrischen Formen zusammengerollt werden. Den modellierten Hasen mit Halter (der wie die Füße gefertigt ist) bringt man auf dem Deckel an, der dann über den Giebeln positioniert wird. Die Ecken des Unterteils und die Spitze des Deckels werden mit Tonstücken versehen, in die man Stempel drückt. Nach dem Schrühbrand wird manchmal eine dünne Kupferglasur aufgetragen und wieder abgewischt, sodass die Farbe sich nur in den Vertiefungen hält. Unterglasurfarben und Glasuren werden aufgebracht und im Rakuverfahren gebrannt. Maureen sagt über ihre Arbeit:

> Die meisten der von mir angewendeten Techniken entstammen meinem ursprünglichen Interesse für den Salzbrand, wo Abdrücke und Medaillons an der Tagesordnung sind. Mich spricht die »Formalität« dieser Techniken an. Die Dekoration hat viele historische und aktuelle Einflüsse,

Dekorierte Platten vor dem Zusammensetzen.

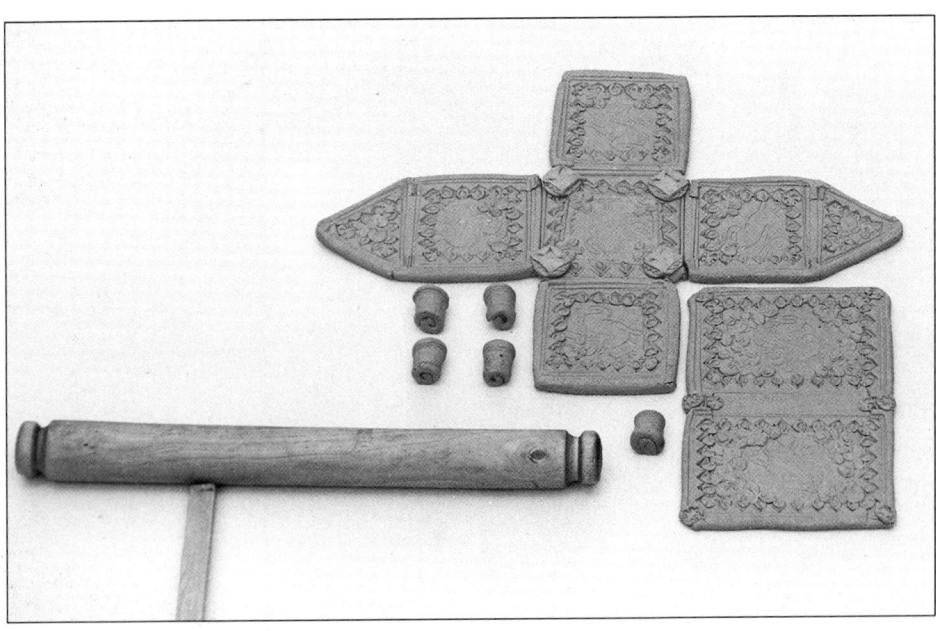

die mittelalterliche und angelsächsische Töpferei oder die Tradition des deutschen Salzbrands, um nur einige zu nennen.

Der Eindruck von Spontaneität in diesen Werken rührt größtenteils daher, dass Dekoration und Zusammensetzen vorgenommen werden, solange der Ton noch weich ist. So wirkt er auch nach dem Brand noch weich.

Mit einem einzigen Stempel lassen sich durch wiederholte Anwendung komplexe Muster aufbauen. Dies ist eine der Techniken, mit denen Scott Frankenberger arbeitet, ein amerikanischer Töpfer, der in Indiana lebt. Er verwendet Stempel aus verschiedenen Materialien, z. B. geschrühter Ton, geschnitztes Holz oder heiß geformtes Styropor (siehe Foto unten). Scott bringt seine Kenntnisse in Zeichnen und Drucken mit ein, wenn er in seinen Werken Abdrücke zu Deko-

Das fertige Kästchen vor dem Brand.
Fotos: Sean Leahy.

Stempel aus Styropor, Scott Frankenberger.

Scott Frankenberger (USA) 1994: Tablett (Ausschnitt). Mit Styropordruckstöcken geprägtes Muster. Porzellan.

rationszwecken einsetzt. Auch ein Aufenthalt in Indonesien, wo das Bedrucken mittels Druckstöcken und das Aufbauen von Mustern auf Batikstoffen weit verbreitet sind, blieb nicht ohne Einfluss.

Scott kreiert oft große Bereiche mit komplexen Mustern, indem er einzelne Einheiten wiederholt anwendet. Dadurch und durch andere Dekorationstechniken will Scott eine »aktive Tonoberfläche schaffen«. Er verwendet Porzellan und stellt eine breite Palette meist funktionaler Keramik her, darunter Serviertabletts, Gefäße mit Deckel und Backformen. Verschiedene Glasuren kommen zum Einsatz, die sich überlappen und den reich strukturierten Oberflächen von Scotts Werken einen Eindruck von Tiefe verleihen.

Die meisten Töpfer/innen wenden Stempel in Kombination mit anderen Dekorationsmethoden an. Abgesehen von den bereits erwähnten sind Jane Hamlyn, Svend Bayer, Takeshi Yasuda und Lara Scobie zu nennen, deren Werke in anderen Kapiteln beschrieben werden.

4. Rollstempel

Ein Rollstempel ist ein Zylinder, auf dessen Rand sich ein Dekor befindet, das beim Rollen auf weichem Ton ein fortlaufendes Muster eindrückt.

Geschichte

Die Technik, bei der ein strukturiertes, zylindrisches Objekt über einen Bereich weichen Tons gerollt wird, ist schon in den Anfängen der Jomon-Epoche von Töpfern eingesetzt worden. Von den vielen möglichen Mustern wurde als erstes eine Walze mit Zickzackmuster verwendet. Danach folgten Walzen mit Ellipsenmuster; hierbei wurden drei elliptische Eindrücke in einen Streifen um einen kleinen Stock eingeschnitzt, der Bereich darunter wurde wiederum von drei Ellipsen ausgefüllt, und so weiter, bis etwa sechs Streifen aus Ellipsen fertig waren. Wenn dieser geschnitzte Stock über weichen Ton gerollt wurde, entstand ein fortlaufendes Muster aus kleinen, unregelmäßigen ovalen Formen im Relief auf der Oberfläche. Meist wurde parallel zum Rand gerollt, manchmal auch innerhalb des Gefäßes und auf dem Rand selbst. Weitere Dekore waren Rauten- und Fischernetzmuster.

In Europa hergestellte Keramik mit Rollstempelmustern stammt aus der Zeit zwischen etwa 500 und 50 v. Chr. Sie wurde »La Tène«-Keramik genannt und weist eine deutliche krummlinige Dekoration auf. Rollwalzen wurden ähnlich den heutigen Rädern zum Teigschneiden zur Herstellung von kleinen,

Behälter, Seladonkeramik, China, 3. bis 4. Jahrhundert n. Chr., H 9 cm. Muster aus Rollstempel- und Stempelabdrücken. *Ashmolean Museum, Oxford* (1956.3925).

eingeschnittenen Quadraten auf der Gefäßoberfläche eingesetzt. Geschwungene Linien, die mit diesen Rollstempeln geschaffen wurden, kombinierte man mit anderen Dekorationsmethoden wie Stempeln und Ritzen. Mit den Walzen wurden beispielsweise Muster gerollt, die als rautenförmige Abgrenzungen um Stempeldekore herum angelegt wurden.

In China wurden in der Zeit der Südlichen Dynastien (zwischen 265 und 589 n. Chr.) gedrehte und mit Eisenglasur versehene Gefäße hergestellt, die ebenfalls mit Rollwalzen und Stempeln dekoriert waren: Behälter mit breiten Schultern, manche mit Deckeln und angarnierten Henkeln, Schalen und Schüsseln, die mit Bändern aus einem Rolldekor versehen waren, das aus Reihen von rautenförmigen Prägungen bestand, die von zwei Reihen aus Stempelabdrücken eingefasst waren (siehe Foto Seite 35). Auf manchen Gefäßen sieht man, wie sich die Rollmuster überlappen, während bei anderen die Fuge durch aufgedrückte Medaillons, etwa in Form einer Tiermaske, verborgen ist.

Auch auf englischer Keramik des Mittelalters kamen Rollstempel zum Einsatz. Besonders auf frühen Kochgefäßen, Schüsseln und Krügen wurden Rollstempel oftmals zur Dekoration von aufgarnierten Tonstreifen angebracht. Beispiele für Rolldekore finden sich auf Krügen des 13. Jahrhunderts aus Yorkshire, die eine gedrungene Form aufweisen und mit komplexen Rolldekoren verziert sind.

In der traditionellen Töpferei in vielen Teilen Afrikas werden Rollstempeldekore aus diversen Materialien hergestellt; dazu gehören geschnitztes Holz, geflochtene Gräser und getrocknete Maiskolben. Einige der aus Gras gefertigten Rollstempel sind sehr kompliziert verwoben und ergeben abwechslungsreiche und interessante Muster. Oftmals werden die Rolldekore mit anderen Dekorationstechniken wie Ritzen und Übermalen mit Engobe verbunden.

Technik

Ton ist bei der Herstellung von Rollstempeln wohl am einfachsten in der Anwendung, aber auch Holz und Gips eignen sich gut. Verschiedene Aspekte sind zu berücksichtigen: Zunächst steht die Entscheidung an, ob der Dekorstreifen breit oder eher schmal sein soll. Ein schmaler Streifen kann wiederholt oder mit anderen Rollmustern kombiniert werden. Dann kommt es auf das Dekor selbst an. Rollstempeldekore sind meist so angelegt, dass sie sich nahezu nahtlos um den Umfang eines Gefäßes herum anlegen lassen.

Für die Fertigung eines Rollstempels aus Ton wird erst ein Zylinder gefertigt, der die gewünschte Größe hat und aus feinem Ton ohne Schamotte bestehen sollte. Dieser wird lederhart getrocknet und dann in der Mitte mit einem Loch für die Achse versehen. Dafür eignet sich ein Lochstecheisen oder ein ähnliches Werkzeug. Vergessen Sie nicht, die Schwindung zu berücksichtigen, denn die Achse muss sich auch nach dem Brennen frei im Loch drehen können. Dann wird das Dekor eingeschnitten. Sobald der Zylinder weißtrocken ist, lässt sich das Muster verfeinern, bevor bei Schrühtemperatur gebrannt wird.

Als Griff/Achse eignet sich am besten ein Stück steifer Draht (z. B. von einem Kleiderbügel), der so weit durch das Loch gesteckt wird, bis die Walze sich in der Mitte des Drahtstücks befindet. Dann werden beide Enden des Drahtes zusammengebogen (wobei man der Walze genug Spiel lassen muss, damit sie sich ungehindert drehen kann) und zu einem Griff zusammengedreht. Ausgefeilter und bequemer sind Griffe aus Holz. Wenn ein Gefäß mit einem Rollstempel dekoriert wird, sollte der Ton mit einer Hand von der Innenseite gestützt werden, um den Druck auszugleichen, den die Walze von außen auf die Wandung ausübt.

Die Rollstempeltechnik bietet eine Vielzahl von Mustern. Wenn man aber erst einmal ein paar Walzen hergestellt hat, merkt man meist, dass man immer wieder die gleichen benutzt, denn erst im Gebrauch kann man beurteilen, welches der Muster einem gefällt und sich für die angestrebte Keramik eignet.

Rechts: Eine Hand stützt von innen, während der Rollstempel gerollt wird.

Unten: Eine Auswahl der von Jonathan Garratt benutzten Rollstempel und Rollkordeln.

Moderne Praktiken

Jonathan Garratt brennt seine Werke im Holzofen und macht ausgiebig Gebrauch von Rollstempeldekoren. Hier eine kur-

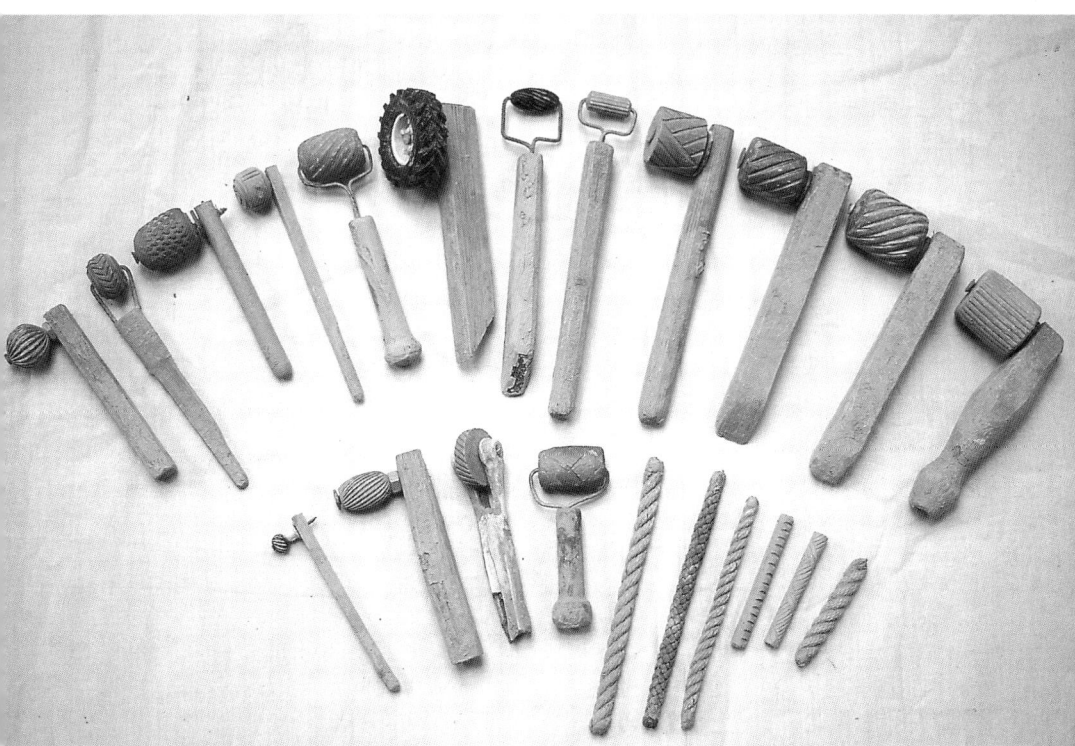

Das fertige Muster.

ze Beschreibung seiner Technik: Nach dem Drehen eines Gefäßes werden mit einer Drehschiene die Drehringe geglättet und Schlicker entfernt. Geschieht dies nicht, so bleibt der Rollstempel am Ton kleben. Danach wird mit einem weichen Pinsel die Oberfläche mit Wasser benetzt, damit die Walze nicht hängen bleibt. Stempel aus Ton müssen vor der Verwendung in Wasser getaucht werden und sich vollsaugen. Oben am Gefäß beginnend (das sich noch auf der Scheibe befindet), wird der Stempel um das Gefäß gerollt. Jonathan lässt bei manchen Gefäßen den unteren Teil gern undekoriert, weil sie dadurch etwas leichter aussehen, während das Dekorieren der gesamten Oberfläche das Gefäß überladen könnte. Er ist der Ansicht, dass Rolldekore »den Gefäßen eine gewisse Qualität verleihen, die Interesse weckt, ohne dabei lärmend zu wirken. In Verbindung mit den Zufälligkeiten des Holzbrandes kann auch ein gleichförmiges Muster als eine Art Leinwand wirken, die von den Flammen dekoriert wird.«

Jonathan macht seine Rollstempel aus allen möglichen Materialien und Gegenständen. Wenn er statt einzelner Linien große Flächen dekorieren will, stellt er seine Stempel her, indem er zunächst eine gleichmäßige Tonrolle formt, die an den Enden abgeschrägt ist. Wenn man eine Walze so abschrägt, dass nur das mittlere Drittel der Fläche beim Rollen auch aufliegt, erzielt man ein gleichmäßigeres Muster. Nachdem Jonathan die Grundform aus Ton hergestellt hat, rollt er sie über eine strukturierte Oberfläche, sodass ein Muster in die Walze geprägt wird. Dafür benutzt er Schuhsohlen, Kordstoff, Korbgeflecht, Schaberklingen, Gummimatten etc. Zu den Rollstempeln mit Strukturen sagt Jonathan:

> Es ist immer etwas Glück im Spiel – oft hat man Pech! Andererseits finde ich, dass ein zu korrekter Abdruck ein Gefäß mechanisch wirken lassen kann, was auch nicht so erstrebenswert ist. Wenn der Abdruck auf der Walze ein bisschen ungenau ist, wirkt das Muster oft interessanter.

Jonathan besitzt auch Rollstempel aus Alltagsutensilien – Perlen, ein Plastikrad von einem Spielzeug, ein gerillter Holzdübel, ebenso hölzerne Walzen, die aus Stücken von Besenstielen oder schmalen Dübeln bestehen, in die Muster eingeschnitzt sind. Beeinflusst wird Jonathans Schaffen von chinesischer und europäischer Keramik des Neolithikums, von westafrikanischen Textilien, Zuluschilden und mittelalterlichen Krügen aus dem französischen Rouen.

Auch andere zeitgenössische Töpfer/innen wie Jane Hamlyn, Phil Rogers und Lara Scobie arbeiten mit Rollstempeln. Sie verwenden Maschinenteile, Zahnräder und Kettenritzel als Rollstempel. Jane Hamlyn stellt mit einem Zahnrad aus einem Kinderspielzeug schmale, eingeschnittene Linien her, die oft diagonal auf dem Gefäß verlaufen. Die Wirkung dieser gezahnten Linien wird noch verstärkt, indem die Gefäße im Salzofen gebrannt werden (siehe Kapitel 10 und Foto Seite 68).

Phil Rogers stellt mit einer zylindrischen Walze (aus dem Innenleben einer Bleistiftspitzmaschine) eine deckende »Linien«-Struktur auf manchen seiner Gefäße her (siehe Kapitel 5). Auch Lara Scobie arbeitet mit einer zylindrischen Walze; dies ist nur eines ihrer vielen Werkzeuge, mit denen sie ihre Porzellangefäße schafft (siehe Kapitel 9).

Jonathan Garratt (GB): Scheibe. Rollstempelmuster. Holzgebranntes Steingut.

Rollstempel lassen sich mit anderen Techniken kombinieren. So kann eine mit einem schmalen Rollstempel angelegte Linie als Rahmen für ein anderes Dekor fungieren. Auch als erste Phase bei der Schaffung von Einlegemustern sind Rollstempel geeignet.

5. Schlaghölzer

Diese Technik, bei der mit strukturierten Schlaghölzern Gefäße mit einem Muster versehen werden, geht aller Wahrscheinlichkeit nach darauf zurück, dass Holzstücke oder Schlaghölzer bei der Herstellung aufgebauter Gefäße zum Einsatz kamen, wobei sie wohl dazu gedient haben, Tonstränge zu komprimieren, zu verbinden und die Gefäße in eine gleichmäßigere Form zu schlagen. Dabei lag das Gefäß mit der Innenseite auf einem »Pilz« auf – einem glatten, runden Stein oder einer ähnlichen Form aus gebranntem Ton oder Holz –, während die Außenseite beklopft wurde.

Geschichte

Pilz und Schlagholz waren schon in vorgeschichtlicher Zeit in Südostasien verbreitet. (Bei Ban Chiang im Nordosten Thailands wurden bis zu viertausend Jahre alte derart geformte Gefäße gefunden.) Noch heute werden dort mit Pilz und Schlagholz Wasserkrüge und Kochgefäße gefertigt. Die Schultern dieser Gefäße sind mit einem geometrischen Stempeldekor versehen, das mit einem geschnitzten Schlagholz erzielt wird.

Während der Shang-Dynastie in China (ca. 1600–1027 v. Chr.) wurden Gefäße mit runder Unterseite hergestellt, indem von außen mit einem Schlagholz, das mit einem Kreuzmuster versehen war, auf den Ton geschlagen wurde; von innen her bot ein Stein Widerstand. Andere Gefäße weisen Muster auf, die mit Schlaghölzern geschaffen wurden, die mit Stoff überzogen waren. Die Ränder dieser aufgebauten Gefäße wurden dann auf einer Scheibe zentriert und in Form gebracht.

In der Madang-Provinz von Papua-Neuguinea, wo Gefäße mit Schlagholz und Pilz angefertigt werden, schafft man mit geschnitzten Schlaghölzern erhabene Muster, die aus einer Kombination von grob quadratischen und runden Zeichen bestehen. Abgesehen von Thailand und Papua-Neuguinea verwenden Töpfer/innen in Nigeria, Namibia, Sudan, Indien, Korea, Japan und auf den Philippinen Schlagholz und Pilz bei ihrer Arbeit.

Technik

Die Übertragung eines Musters auf die Oberfläche eines Gefäßes kann bei feuchten Gefäßen geschehen, die auf der Scheibe stehen, oder im weich-lederharten Zustand. Beim Arbeiten in letzterem Zustand kann man mit einem glatten Schlagholz oder einem Holzstück die Form des Gefäßes durch Schlagen verändern, es in eine quadratische Form bringen oder den Umfang mit Facetten versehen. Dann kann man mit einem strukturierten Schlagholz ein Muster in jede Facette drücken. Beim Schlagen bauchiger Formen mit einem Schlagholz kommt dieses nur mit einem Teil der Oberfläche in Berührung, sodass die eingedrückten Muster eine runde Form haben. Eine andere Möglichkeit besteht darin, das Schlagholz wiederholt anzuwenden, sodass ein umfassendes Muster aus überlappenden strukturierten Bereichen entsteht. Benutzt man ein einfaches Stück Holz, um etwa ein gedrehtes Gefäß mit Facetten zu versehen, so können die abgeflachten Facetten ein Muster aufweisen, wenn das Holz über eine ausgeprägte Maserung verfügt. Dies kann zu einer interessanten Wirkung führen, die nach einem Glasurbrand noch prägnanter wird, wenn die Glasur dazu neigt, auf den höheren Kanten zu brechen und in den vom Holz bewirkten Vertiefungen zusammenzulaufen. Butterhölzer mit parallelen Rillenlinien sind ebenfalls ideal für die Dekoration von Gefäßen.

Am einfachsten ist ein Schlagholz herzustellen, indem man ein Stück Holz in der Größe 30 x 9 x 2 cm zuschneidet. In die Oberfläche lassen sich verschiedene Muster schneiden oder schnitzen. Einfache Muster kann man gut mit einem Fuchsschwanz sägen, während für komplexere Muster Holzschnitzwerkzeug benötigt wird. Man kann Schlaghölzer auch horizontal mit einer Schnur umwickeln und damit Gefäßoberflächen strukturieren. Für die Herstellung von Schlaghölzern empfiehlt sich Hartholz, besonders wenn man sie öfter benutzen will. Weichholz ist weniger haltbar, wenn es regelmäßig feucht wird. Ein anderer Vorteil von Hartholz liegt darin, dass der erzielte Abdruck deutlicher ist, wenn das Holz schwerer ist. Wer ein Schlagholz herstellt, ist gut beraten, beide Seiten mit verschiedenen Mustern zu versehen. Wenn das Schlagholz breit sein soll, empfiehlt es sich, an einem Ende einen Griff stehen zu lassen, damit es sich besser handhaben lässt.

Moderne Praktiken

Phil Rogers (GB) verwendet bei der Dekoration seiner Gefäße verschiedene strukturierte Schlaghölzer, darunter ein mit Schnur umwickeltes Stück Holz, ein Butterholz und ein Schlagholz mit ein-

Eine Auswahl der Werkzeuge, mit denen Phil Rogers Oberflächen strukturiert, darunter folgende Schlaghölzer: ein mit Schnur umwickeltes Stück Holz, ein Butterholz und ein Stück Holz mit eingeschnittener Kreuzschraffur.

Ein frisch gedrehtes Gefäß wird mit einem strukturierten Schlagholz behauen.

Nach Bearbeitung der Oberfläche wird das Gefäß fertig gedreht. *Fotos: Richard Davies, USA.*

geschnittenem Muster. Er geht folgendermaßen vor: Nachdem er einen Zylinder mit dickem Boden gedreht hat und mit einer Öffnung, die groß genug ist, damit er die Wandung von innen stützen kann, schlägt er die Außenseite mit einem feuchten Schlagholz, sodass das Muster im Relief auf die Oberfläche übertragen wird. Da das Muster um das ganze Gefäß herum angebracht wird, müssen die Schläge rhythmisch, fest und entschlossen ausgeführt werden, sonst könnte ein unklarer oder falsch platzierter Abdruck entstehen. Wenn das Muster fertig ist, formt Phil das Gefäß weiter von innen her, indem er die Finger bei laufender Scheibe sanft nach außen drückt. So dehnt sich die Form aus, und mit ihr das Muster. Phil verweist darauf, dass das Schlagen bei bestimmten Formen oder noch nicht fertig gedrehten Gefäßen auch im weichlederharten Zustand geschehen kann; der Hals wird dann später hinzugefügt. Beim Dekorieren mit einem strukturierten Schlagholz im lederharten Zustand muss das Schlagholz trocken sein, sonst bleibt es an der Oberfläche haften.

Viele Keramikkünstler/innen experimentieren mit Oberflächenstrukturen und -eigenschaften. Warren MacKenzie hat zu verschiedenen Zeitpunkten die Oberflächen seiner Gefäße kanneliert, facettiert und beschlagen oder sie mit anderen Methoden verändert und so eine Vielfalt an Formen und Strukturen geschaffen. Bei der Herstellung einer strukturierten Oberfläche mit einem gemusterten Butterholz werden die frisch gedrehten Stücke noch auf der Scheibe dekoriert. In einem Interview in *The Studio Potter* (Ausg. 19, Nr.1, Dez. 1990) hat Warren erklärt, er vertraue auf einen »Reichtum der Oberflächenformen« in seinem Werk, und fuhr fort: »Deshalb bemühe ich mich um die Verwendung

Phil Rogers (GB): Flasche, II 35 cm. Mit dem Schlagholz strukturiert, Temmokuglasur, Salzbrand.

von Glasuren, die die Form dadurch betonen, dass sie je nach Dicke die Farbe wechseln, oder die transparent sind und das hervorheben, was auf der Oberfläche unter ihnen vorgeht.«

Die australische Töpferin Janet Mansfield, die für ihre salzglasierten und holzgebrannten Arbeiten bekannt ist, verwendet ebenfalls Schlaghölzer für die Dekoration ihrer Gefäße. In ihrem Buch *Salt-glaze Ceramics, An International Perspective* beschreibt sie ihren Schaffensprozess und erklärt, dass sie gerne große Gefäße aus drei oder mehr Teilen zusammensetzt, solange sie noch weich sind. Sobald das Stück lederhart ist, benutzt sie ein geschnitztes Schlagholz, um Strukturen herzustellen. Während sie von außen gegen das Gefäß schlägt, hält sie von innen einen weichen, mit Plastik umwickelten Klumpen Ton dagegen, der einen Widerstand bietet und gleichzeitig die Form des Gefäßes bewahrt. Die durch diese Dekorationstechnik geschaffene Oberflächenstruktur wird akzentuiert durch die Salzbrandtechnik. Manchmal kommt eine Engobe oder eine Ascheglasur zum Einsatz, wodurch ein Kontrast mit der salzglasierten Oberfläche entsteht.

Wie bei anderen Techniken gilt auch für die Schlagholztechnik, dass es sich hier weniger um eine abgeschlossene Dekorationsmethode handelt, sondern eher um einen Ausgangspunkt. Wie aus der Fotosequenz hervorgeht, die Phil Rogers bei der Arbeit zeigt, kann ein Gefäß auch nach dem Strukturieren der Oberfläche mit einem Schlagholz noch weiter geformt werden, sodass das Muster vergrößert, verändert oder abgemildert wird. Außerdem können auch andere Dekorationstechniken mit der Schlagholztechnik kombiniert werden.

Warren MacKenzie (USA): Behälter mit Deckel. Prägemuster durch Bearbeitung mit einem strukturierten Butterholz.

6. Großflächige Abdrücke

In diesem Kapitel geht es um Techniken, mit denen sich großflächige Abdrücke in einem Arbeitsgang herstellen lassen, im Unterschied zu großen Mustern, die durch Wiederholung eines einzelnen Abdrucks entstehen, wie dies bei der Verwendung von Schnur, Rollstempeln, Schlaghölzern usw. der Fall ist.

Geschichte

Auf vielen prähistorischen Gefäßen aus verschiedenen Ländern und Epochen finden sich im unteren Bereich Prägungen von Matten, die große strukturierte Flächen bilden. Man geht davon aus, dass diese Abdrücke dadurch entstanden sind, dass sich die Gefäße beim Aufbauen auf Matten befanden, damit sie vom Töpfer bei der Arbeit gedreht werden konnten. Oft sind diese Spuren so deutlich, dass eine zufällige Entstehung ausgeschlossen werden kann. Vielmehr ist anzunehmen, dass die Töpfer das Bodenteil fest auf die Matte pressten, bevor sie mit dem Aufbau der Wandung begannen.

Auf chinesischen Keramiken aus dem 4. bis 5. Jahrtausend v. Chr. finden sich am Boden Abdrücke von Korbgeflecht, das vermutlich aus Bambusrinde hergestellt wurde. Andere Böden weisen Abdrücke eines groben Webstoffes aus Hanf oder ähnlichen Fasern auf. Auch hier ist anzunehmen, dass die Gefäße auf diese Flächen gestellt wurden, damit man sie später drehen konnte. Auch auf den Kykladen fand man Trinkgefäße mit Prägungen von gewebten Matten auf der Unterseite. Diese konischen Becher stammen aus der Keros-Syros-Kultur und werden auf etwa 2700 bis 2200 v. Chr. datiert.

Beispiele von geprägten Strukturen, die über den Bodenbereich hinausgehen, finden sich auf einigen Gefäßen, die während der Blütezeit der meroitischen Epoche (ca. 300 v. Chr.-400 n. Chr.) in Nubien entstanden (das Gebiet des antiken Nubiens gehört heute zu Ägypten und zum Sudan). Es handelt sich um große, rundliche Aufbewahrungsbehälter, deren äußere Oberfläche mit Abdrücken von Matten oder groben Stoffen

Großer Behälter mit Flaschenhals, Meroe, Nubien, H 74 cm, Ø ca. 50 cm. Bis auf den Hals vollständig strukturierte Oberfläche.
© The Trustees of the National Museums of Scotland (1910.110.6).

bedeckt ist, wobei nur der Halsbereich keine Struktur aufweist (siehe Foto Seite 45).

Heute werden in Nigeria, als Folge der Technik, mit der Gefäße mit rundem Unterteil geformt werden (eine Abwandlung der Schlagholz-und-Pilz-Technik), große strukturierte Bereiche auf der Gefäßwandung geschaffen. Dabei legt man einen groben Stoff in eine flache, konkave Form. Darin wird das Gefäß durch Schlagen von innen her geformt. Die Struktur des Stoffes drückt sich auf der Gefäßwandung ab, während der später angarnierte Hals ohne Muster bleibt.

Technik

Die einfachste Methode, Ton großflächig in einem Arbeitsgang mit einer Struktur zu versehen, ist die Verwendung eines Nudelholzes oder, wenn es um größere Flächen geht, einer Plattenwalze. Mit ihnen lassen sich Tonplatten großflächig mit Strukturen versehen und dann nach Bedarf verarbeiten. Bei Verwendung einer Plattenwalze werden nach dem Ausrollen der Tonplatte die strukturierten Objekte auf der Platte arrangiert. Darüber wird der Deckstoff gelegt und das Ganze erneut durch die Walze gefahren. Wenn die Objekte dicker sind, muss der Abstand zwischen Walze und Unterteil nachjustiert werden, sonst könnten die Objekte so tief in den Ton gedrückt werden, dass sie sich nicht entfernen lassen, ohne dass der Abdruck oder die Platte beschädigt werden. Um herauszufinden, welche Tonkonsistenz sich für welche Struktur eignet, sind einige Tests nötig. Ist die Tonplatte zu hart, wird es schwierig, einen deutlichen Abdruck zu erreichen.

Durch ein weitmaschiges Gewebe werden die Platten mit Porzellanengobe bestrichen.

Moderne Praktiken

Jim Robison (USA/GB) verwendet strukturierte Platten bei der Herstellung seiner großen keramischen Skulpturen. Zunächst rollt er Tonplatten mit einer Plattenwalze aus, die er aus einer alten Wäschemangel gebaut hat. Eine von Jims Techniken besteht darin, dass er verschiedene Stoffe mit weiten Maschen einsetzt. Er legt diese Stoffe in Streifen auf Tonplatten und rollt sie tief in den Ton ein. Dann wird Porzellanengobe auf den Stoff gestrichen, der als Schablone fungiert, sodass die Engobe beim Entfernen des Stoffes als Muster zurückbleibt. So entsteht eine doppelte Wirkung: ein netzartiger Abdruck dort, wo der Stoff in den Ton eingebettet war, und das durch die Schablone entstandene Engobemuster. Andere Bereiche versieht er mit weiteren Dekorationstechniken.

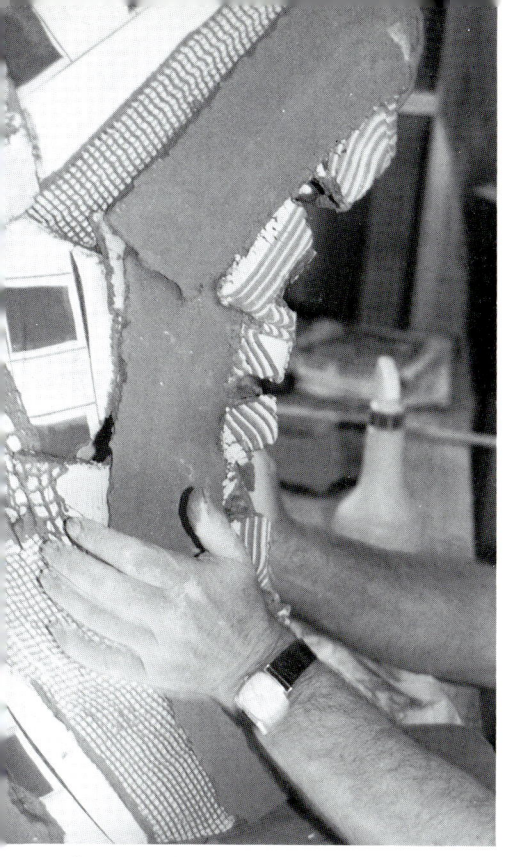

Teile von strukturierten, mit Engobe dekorierten Platten werden zu einer Vasenskulptur zusammengesetzt. *Fotos: Sue Crossland.*

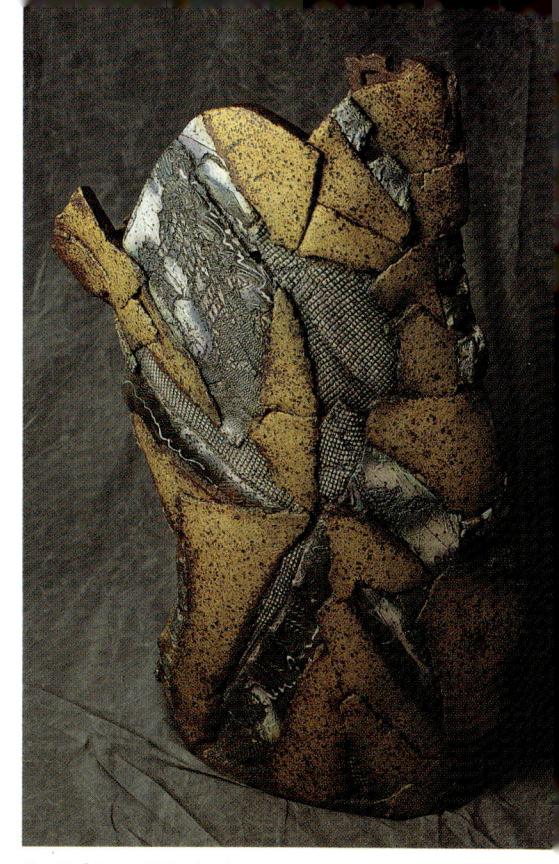

Jim Robison (USA/GB): Vasenskulptur, H 1 m. Manche der Strukturen entstanden durch Eindrücken von grobmaschigem Stoff in die Tonplatten. *Foto: Nick Broomhead.*

Zum Beispiel wird eine Deckschicht aus Engobe aufgetragen und dann mit einem aus einer Gumminiere hergestellten Kamm abgezogen. Neben dekorierten Platten kommen auch undekorierte mit unregelmäßig gerissenen Kanten zum Einsatz. Plattenfragmente werden auf zwei hölzernen Modeln arrangiert, die zuvor mit Zeitung abgedeckt wurden, damit der Ton nicht an der Form haftet. Später werden die beiden Teilstücke zu einer aufrechten Vasenskulptur zusammengesetzt. Wenn beide Hauptteile genug angetrocknet sind, um stehen zu können, werden manchmal weitere Fragmente hinzugefügt. Die Stücke werden mit Schichten von Ascheglasur besprüht.

Die Formen und Strukturen von Jims Werken sind von der Landschaft inspi-

Geprägte Tapete wird mit einer Plattenwalze in eine Tonplatte gedrückt, um ein Reliefmuster zu kreieren. *Foto: Jane Hamlyn.*

47

Jane Hamlyn (GB): Glücksklee-Schale. Das innere Muster entstand durch Eindrücken von strukturierter Tapete in die Platte, aus der der Boden gebildet wurde. *Foto: Haru Sameshima.*

Behälter, China, späte Zhou-Dynastie, 4. bis 3. Jahrhundert v. Chr., H ca. 12 cm. Prägemuster, Steingut. *Ashmolean Museum, Oxford (1956.1877).*

riert, die ihn umgibt – den Felsformationen und Megalithen von West Yorkshire. Auch die Tönungen der Ascheglasuren auf den gebrannten Skulpturen spiegeln die Landschaft der Umgebung wider.

Die Töpferin Jane Hamlyn macht intensiv Gebrauch von geprägten Tapeten und einer Plattenwalze, um die Böden der für sie typischen Schüsseln herzustellen. Sie dreht einen Ring aus Ton, verformt ihn und verbindet ihn mit dem in der Plattenwalze entstandenen, strukturierten Boden (siehe Foto Seite 47). Diese strukturierten Muster eignen sich sehr gut für den Salzbrand und werden durch diesen noch gehaltvoller und lebhafter.

Auch diese Dekorationstechnik lässt sich gut mit anderen kombinieren.

7. Henkel und Füße

Dieses Kapitel behandelt die Prägetechniken bei der Herstellung und Dekoration von Henkeln und Füßen, die an Gefäße angesetzt werden.

Geschichte

Auf vielen Gefäßen des Neolithikums und der frühen Bronzezeit wurde die Dekorationstechnik, mit der die Wandung verziert wurde, auch für die Dekoration der Henkel eingesetzt. So finden sich Abdrücke von Kammzähnen und Fingernägeln oder Einritzungen auf der Gefäßoberfläche wie auch auf den Henkeln. Bei einem Lebensmittelgefäß aus Kinross im schottischen Perthshire (siehe Foto unten) ist die Wandung mit Whipcord-Abdrücken versehen. (Diese Prägungen entstehen, wenn gedrehte Kordel, die um sich selbst oder ein anderes Material gewickelt wurde, in den Ton eingedrückt wird.) Unterhalb des Randes verlaufen zwei Linien, die ebenfalls durch Eindrücken einer gedrehten Kordel entstanden sind. Die untere Linie setzt sich zu den Ösenhenkeln fort, verläuft über ihre Mitte und weiter, knapp über dem Boden, um das Gefäß herum. Diese Linien fungieren als Begrenzung der Bereiche mit den Whipcord-Abdrücken und schaffen zusätzlich eine optische Verbindung der Henkel mit der Gefäßwandung.

Lebensmittelbehälter, Kinross, Schottland, ca. 1900-1700 v. Chr., H 4,4 cm, Ø 9,6 cm. Abdrücke von Schnur und Whipcord.
© *The Trustees of the National Museums of Scotland 1996 (EQ 795)*.

Moderne Praktiken

Für viele Töpfer/innen besteht die direkteste Methode der Henkeldekoration darin, dass sie beim Ziehen den Henkel mit geritzten Linien oder Rillen versehen. Dies ist aber nur eine Möglichkeit. Andere haben phantasievollere Wege gefunden, um gerollte Henkel und Füße mit Strukturen zu dekorieren, sodass sie mit dem Gefäß harmonieren, an das sie angesetzt werden. Ein Töpfer, dessen Werk einem in diesem Zusammenhang sofort in den Sinn kommt, ist Takeshi Yasuda (Japan/GB).

Ich habe Takeshi mehrmals erlebt, wie er seine Techniken zur Herstellung von Henkeln und Füßen vorgeführt hat. Was mich in Erstaunen versetzte, waren nicht die Oberflächen, auf denen er die Tonstränge ausrollte, auch nicht die daraus resultierenden Strukturen, sondern das Geschick, mit dem er danach die Rollen bearbeitete, um sie in wundervoll fließende Formen zu verwandeln, die an sich schon reizvoll waren, aber zudem die gedrehten Gefäße, mit denen sie verbunden wurden, vollkommen anders ausschauen ließen.

Takeshi geht nach folgender Methode vor: Er stellt Tonrollen mit einem von ihm selbst entwickelten Werkzeug her (»Takeshi Yasudas verblüffende Strangportioniermaschine«). Dieses Werkzeug besteht aus einem rechteckigen Brett mit einem Loch in jeder Ecke. In jedem Loch befinden sich eine Schraube, eine Mutter, zwei Unterlegscheiben und eine Flügelschraube. Die Höhe, in der das Brett von der Arbeitsfläche abgehoben wird und folglich die Dicke der Rolle wird dadurch verändert, dass die Positionen der Muttern auf den Schrauben entsprechend eingestellt werden. Um eine Rolle herzustellen, wird eine grob geformte Tonrolle auf eine glatte Oberfläche gelegt. Darauf wird das Brett gelegt, das auf den Enden der vier Schrauben ruht. Dann wird es vorwärts und zurück geschoben, sodass eine gleichförmige Rolle entsteht. Bevor die Rollen über eine strukturierte Oberfläche gerollt werden, werden sie in einer dünnen Schicht Maismehl gewälzt, damit sie nicht kleben. Beim langsamen Rollen der Rolle auf der Struktur wird mit einem flachen Stück Holz gleichmäßiger Druck ausgeübt. Zu den von Takeshi verwendeten Oberflächen gehören die Abdeckung einer Leuchtstoffröhre – ein Stück Plastik mit parallelen Rillen – und ein Stück Drahtgitter von einem Fliegenschrank.

Wenn die Rolle ihre Struktur hat, wird sie auf eine ebene Fläche geschlagen, sodass eine flache Rückseite und eine riemenartige Form entstehen. Die Rolle wird zugeschnitten, die Enden eingefaltet und das Ganze in die gewünschte Form gebracht. Die Stellen des Gefäßes, wo die Henkel angesetzt werden sollen, werden mit den Zacken einer Gabel angeraut, und mit einem Pinsel wird eine Schicht Schlicker aufgetragen. Auf diese Weise hergestellte Henkel befinden sich an Takeshis »Sprung Bottom Bowls«, »Large Platters« und »Pillow Dishes« (siehe Seite 55). Auch die Füße an seinem »Plateau on Three Feet« sind auf diese Weise entstanden.

Bei einer anderen Technik bedient sich Takeshi eines Lineals. Die Kante des Lineals wird während des Rollens diago-

Rechts oben
Mit »Takeshi Yasudas verblüffender Strangportioniermaschine« wird ein gleichmäßiger Tonstrang geformt.

Rechts unten
Ein Strang wird über eine strukturierte Oberfläche gerollt, hier ein Stück Drahtgitter.

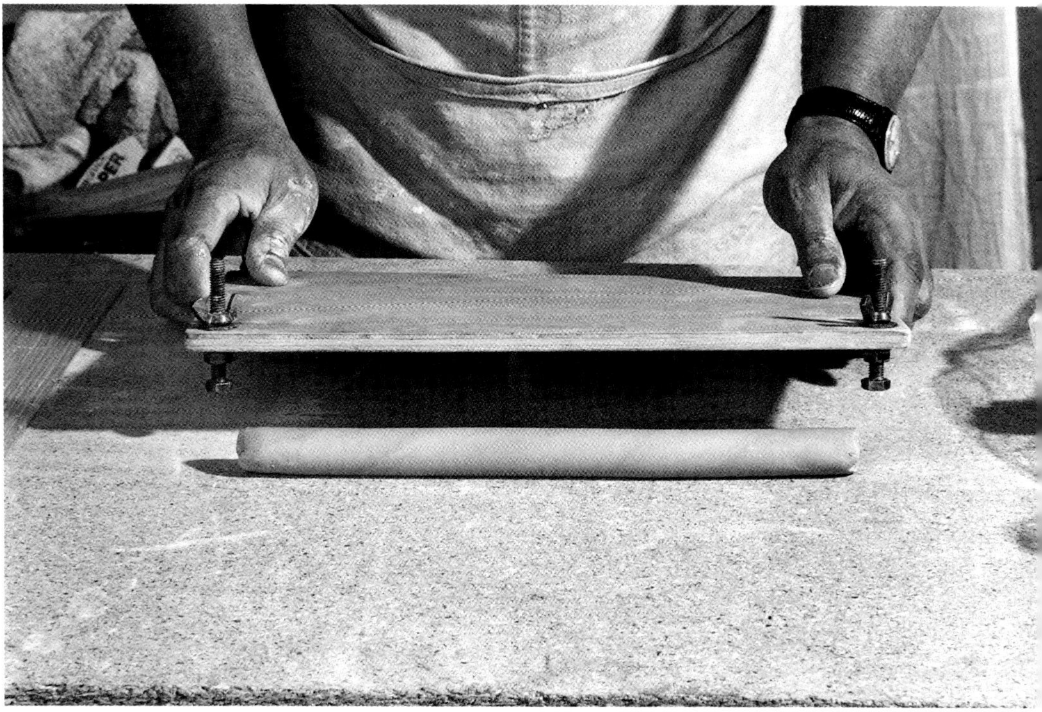

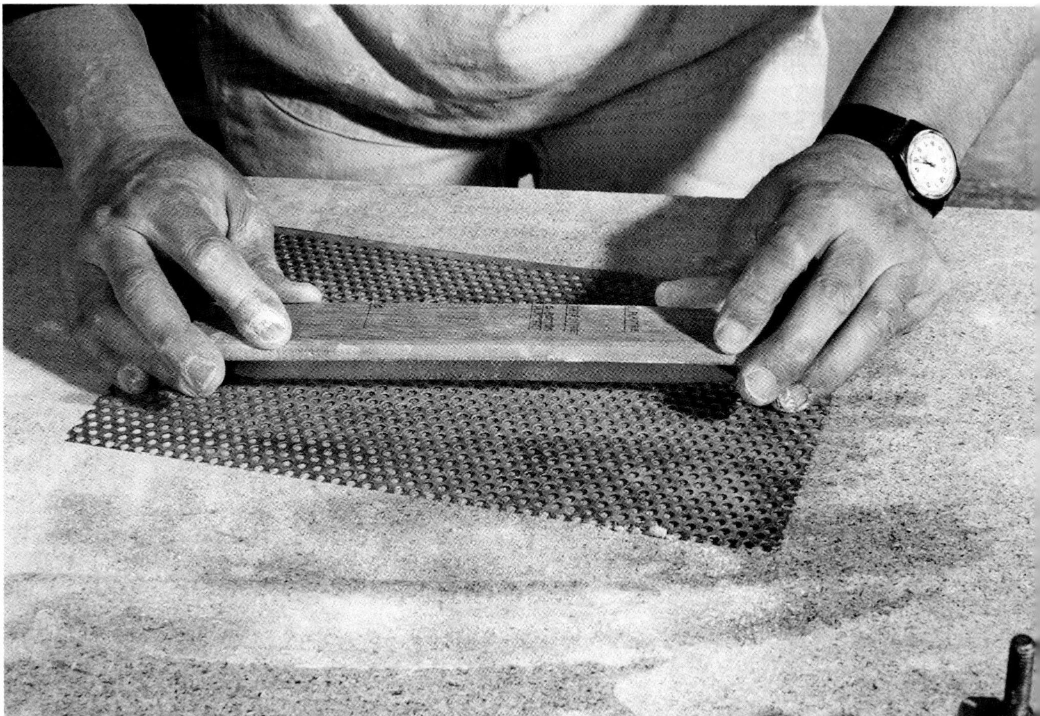

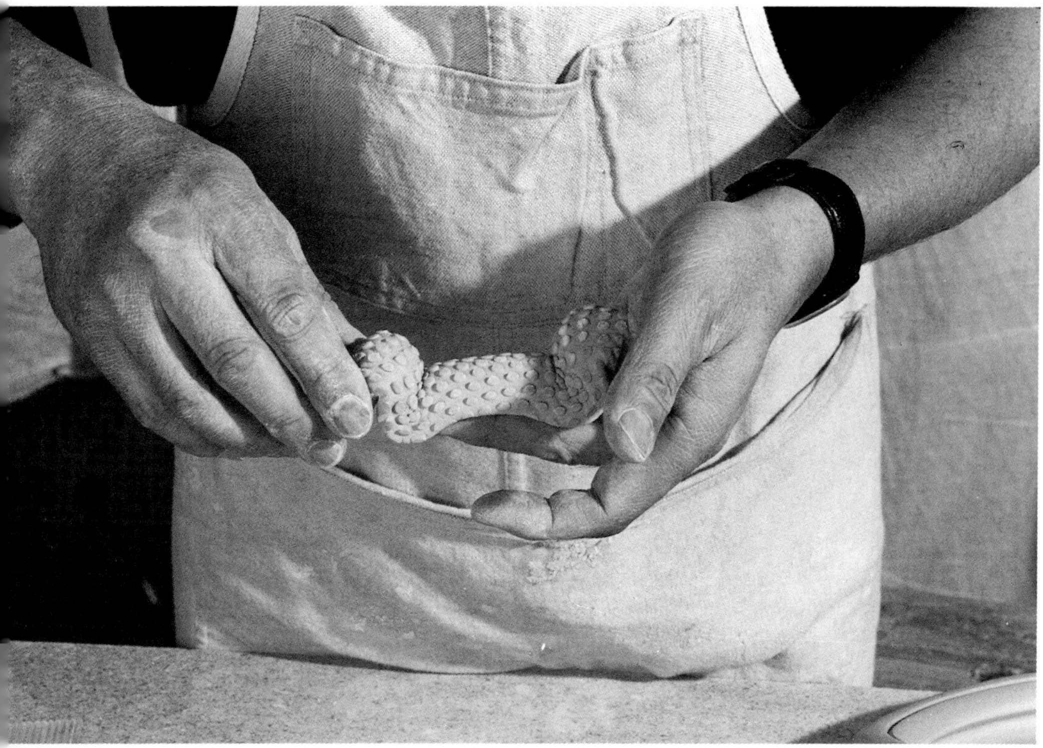

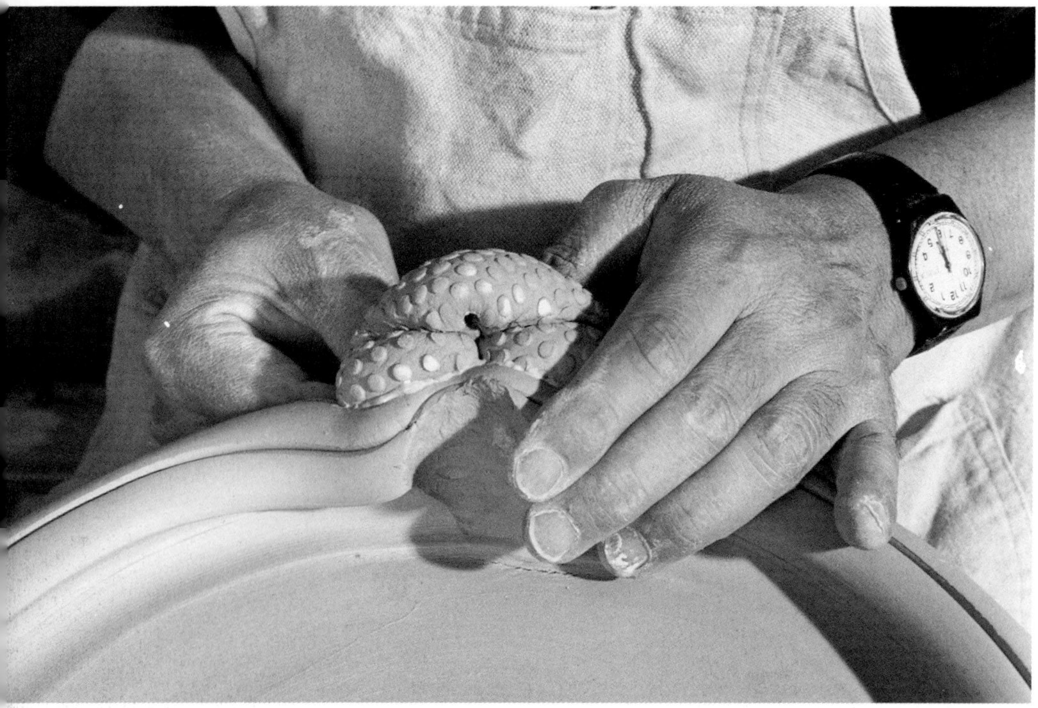

nal in eine Tonrolle gedrückt, wodurch eine stark eingeschnittene Spirale entsteht. Diese Art Henkel wird generell als Bogenform an seinen »Eimer«-Formen angebracht oder als seitlicher Henkel an Teekannen. Ein anderer Henkel entsteht, indem wie beschrieben eine Rolle angefertigt wird, die dann zu einer weichen dreieckigen Form verformt wird, indem sie erst mit einer Seite auf einer ebenen Oberfläche aufgeschlagen wird, dann mit der anderen und dann mit der Unterseite. Dann wird die Kante eines Lineals längs in die Rolle gedrückt, sodass zwei parallele Rillen entstehen.

Links oben
Umformen eines strukturierten Stranges zu einem Henkel.

Links unten
Der fertige Henkel wird an eine gedrehte Schüssel angarniert. *Fotos: Paul Adair.*

Die Unterseite wird wieder auf die flache Oberfläche geschlagen, um die eingedrückten Linien weniger hart erscheinen zu lassen. Diese Art Henkel wird als Bogen an Teekannen angarniert.

Wenn die Gefäße weich-lederhart sind, werden sie mit einer weißen Engobe versehen. Nach dem Schrühbrand wird eine Grundglasur aufgetragen sowie dicke Kleckse grüner und brauner Glasur (die Grundglasur mit Kupfer- bzw. Manganzusatz). Im Glattbrand laufen und fließen die farbigen Glasuren und bewirken eine Optik, die an die *Nara Sansai*-Werke erinnert, die im 8. Jahrhundert in Japan hergestellt wurden.

Eine andere Variante der gerollten Henkel stammt vom amerikanischen Töpfer Scott Frankenberger. Er klebt ein Stück Linoleum, wie es für den Linol-

Linolschnitt zum Strukturieren, gerollter Henkel (Scott Frankenberger).

Jane Hamlyn (GB): Schüssel. Das Muster der Henkel und der Füße entstand durch Rollen auf einer Gummi-Automatte. *Foto: Bill Thomas.*

druck gebraucht wird, auf eine hölzerne Unterlage (z. B. Spanplatte). Mit Linolschnittwerkzeugen wird dann ein Muster in das Linoleum geschnitten, etwa eine Reihe gerader Rillen oder ein komplexeres Dekor (siehe Foto Seite 53). Dann wird eine Tonrolle über das Linoleum gerollt, sodass sie eine Struktur erhält. Diese Henkel werden an Backformen, Kasserollen usw. angebracht. Man kann statt Linoleum auch eine beschnittene, geschrühte Tonplatte verwenden.

Jane Hamlyn stellt ihre üppigen Henkel her, indem sie Tonrollen über verschiedene Gummimatten rollt. Gerne setzt sie auch einen Holzmodel zur Gestaltung der Oberfläche ein. Solche Henkel finden sich an den Seiten von Janes Tassen und Krügen, als Bandhenkel an großen Schüsseln und als Knäufe an Deckeln. Einen anderen Henkel stellt Jane mit der Kante eines Lineals her, das sie diagonal über eine Tonrolle rollt, um eine eingedrückte Spirallinie zu erzielen. Alle Strukturen dieser Techniken kommen besonders gut im Salzbrand zur Geltung.

Es gibt zahllose Möglichkeiten, gerollte Henkel durch Prägungen zu verzieren. Man kann auch einen Bandhenkel herstellen, indem man mit einem Rollstempel über eine Tonrolle fährt. Eine ovale Bandform entsteht, wenn man erst mit einem flachen Stück Holz auf die Rolle drückt und dann den Rollstempel einsetzt. In diesem Stadium kann auch gerollte Schnur zum Einsatz kommen. Oder man verziert einen bereits angarnierten Henkel durch wiederholtes Eindrücken eines Stempels.

Takeshi Yasuda (Japan/GB): »Sprung Bottom Bowl«, 34 x 32 x 16 cm. Das Muster der Henkel entstand durch Rollen über eine strukturierte Oberfläche. Steinzeug, oxidierend gebrannt.

8. Verformen durch Abdrücke

Alle bisher vorgestellten prähistorischen, historischen und zeitgenössischen Gefäße weisen grundsätzlich nur auf der Oberfläche Abdrücke auf – die Gefäßformen selbst wurden praktisch nicht verändert. Natürliche und künstliche Objekte oder Stempel wurden in die Oberfläche gedrückt, aber mit so wenig Druck, dass das Gefäß nicht verformt wurde; Rollstempel und Schnüre wurden benutzt, aber auch hier war nur die Oberfläche betroffen. Eine Ausnahme bildet vielleicht das Dekorieren mit dem beschnittenen Schlagholz. Um ein klares Muster zu erlangen, muss man mit einem Schlagholz fest gegen die Gefäßwandung schlagen, was unweigerlich zu Facetten führt, besonders bei runden Formen.

In diesem Kapitel geht es um Abdrücke, die über die Dekoration der Oberfläche hinausgehen, die so tief sind bzw. in einer Weise ausgeführt werden, dass die ursprüngliche Form des Gefäßes oder eines Teils davon bleibend verändert wird.

Technik

Am einfachsten und reizvollsten dürfte das Verändern der Gefäßform durch Abdrücke gleich nach dem Drehen sein, wenn man mit dem Finger, der Kante einer Drehschiene, einem Stück Holz etc. Druck ausübt. Tut man dies mit der Kante einer Drehschiene bei langsam laufender Scheibe, dann entsteht eine Reihe von gezackten, diagonalen Linien. Ebenfalls mit der geraden Kante einer Drehschiene oder mit einem Lineal lassen sich vertikale Linien eindrücken, die ein Gefäß in mehrere Abschnitte einteilen. Dabei sollte man nicht vergessen, die Gefäßwandung von innen mit einer Hand zu stützen, wenn eine deutliche, gerade Kerbe entstehen soll.

Auch im lederharten Zustand lässt sich mit verschiedenen Methoden die Form eines Gefäßes verändern, z.B. durch Schlagen mit einem strukturierten Schlagholz zum Facettieren des Gefäßes. Oder mit einer Technik, die dem Eindrücken einer Drehschiene im weichen Zustand ähnelt, aber eine andere, deutlichere Wirkung erzielt, nämlich indem man das weich-lederharte Gefäß mit der Kante eines Werkzeugs aus Holz oder Metall beschlägt.

Moderne Praktiken

Hier werden Beispiele für verschiedene Methoden vorgestellt, wie sie von vier Töpfern angewendet werden, um die Form ihrer Gefäße zu verändern. Einige der beschriebenen Techniken sind für frisch gedrehte Gefäße geeignet, andere für lederhart angetrocknete. Robert Sanderson (GB), der seine Werke im Holzofen brennt, schreibt folgendermaßen über eine der Methoden, mit der er die Form von fest-lederharten Gefäßen verändert:

> Diese spezielle Art der Dekoration durch Eindrücken/Schlagen entwickelte sich als Nebenprodukt einer anderen Überlegung. Alle meine Arbeiten sind handgedreht und holzgebrannt. Mich interessiert besonders die Wirkung des Holzbrandes auf einer unglasierten Oberfläche. Weil

während des Brandes die Flamme direkt mit den Gefäßen in Kontakt kommt, widerspiegelt das Muster auf der Tonoberfläche meist den Weg, den die Flamme zurückgelegt hat. Indem ich Gefäße bewusst nebeneinander oder aufeinander stelle oder sie aneinander lehne, kann ich Farben beeinflussen, die im Brand durch die Schatten entstehen, die auf benachbarte Gefäße geworfen werden. Wenn ein in der Form verändertes

Mit der Kante eines Stückes Holz werden senkrechte Linien eingedrückt, die das Gefäß unterteilen.

Gefäß im Brand sehr nahe neben einem anderen steht, dann wird der in der Tonoberfläche hinterlassene Eindruck durch die Flammenspuren verstärkt. Die Gesamtwirkung ist eine Kombination von bewusstem Verformen des Tons einerseits

Warren MacKenzie (USA): Schüssel. Nach dem Drehen wurden die beiden Teile des geteilten Randes mit einer Drehschiene zusammengedrückt. Dadurch entstanden auch die eingedrückten Linien auf der Innenseite. Salzglasiert.

Eine kleine Teekanne mit Schlagspuren auf beiden Seiten. *Fotos: Paul Adair.*

Robert Sanderson: Becher für Malt Whiskey, H 6 cm. Gedreht und mit Holzkante verformt. Holzgebranntes Steinzeug. *Foto: John McKenzie.*

und unberechenbaren Schmauchspuren (durch Flammen und Ascheanflug) im Brand andererseits. Das Gefäß mag nur minimal verformt sein, aber die Wirkung durch den Brand kann außerordentlich sein.

Das Verformen durch Abdrücke ist in verschiedenen lederharten Stadien möglich. Je weicher der Ton ist, desto stärker der Abdruck und desto größer der Bereich; je härter der Ton, desto kleiner der Abdruck. Nachdem man das Gefäß in die benötigte Anzahl von gleichen Abschnitten (auf den abgebildeten Bechern vier) unterteilt hat, werden die Abdrücke auf zwei gegenüberliegenden Seiten gemacht. Dann folgen die Abdrücke auf den verbleibenden Seiten. Dieses Vorgehen führt dazu, dass eventuelle Verformungen des Gefäßes ausgeglichen werden. Durch den letzten Abdruck kehrt auch der Rand in seine ursprüngliche runde Form zurück.

Warren MacKenzie bedient sich verschiedener Methoden beim Verformen seiner Gefäße. Oft spielen Abdrücke auf dem neu gedrehten Objekt eine Rolle. Dabei geht er u. a. wie folgt vor: Zunächst wird eine flache Schale mit einem doppelten/gespaltenen Rand gedreht. Die beiden Kanten des Randes werden in regelmäßigen Abständen verbunden, indem sie von innen mit einer Drehschiene zusammengedrückt werden. Dadurch wird die Form der Schale verändert und ein Abdruckmuster im Inneren geschaffen (siehe Foto Seite 58). Bei einer ande-

Walter Keeler (GB): Schiefer Krug. Das Oberteil wurde durch Bearbeitung mit einer Metallfeilenkante mit einer eingedrückten Linie versehen, bevor es mit dem Unterteil verbunden wurde. Salzglasiert.

ren Technik kommt ein kleiner Deckel eines Behälters aus Plastik zum Einsatz. Nach dem Drehen einer flachen Schale wird der Rand des Deckels von außen gegen die Wandung gehalten und eingedrückt. Gleichzeitig wird vom Schaleninnern her der Ton leicht in die hohle Form gedrückt, sodass auf der Außenseite des Gefäßes ein runder Wall entsteht. Dieses Vorgehen wird um das Gefäß herum mehrmals wiederholt.

Auch Walter Keeler (GB) benutzt Abdrücke, um die Form seiner Gefäße zu verändern. So kann er gedrehte Formen durch zwei gezielte Schläge mit der Kante einer Metallfeile verformen – die Tülle einer Teekanne oder das Oberteil eines schrägen Kruges (siehe Fotos). Der gedrehte Körper einer Teekanne wird in eine ovale Form gedrückt und mit einem Boden verbunden, worauf mit der Kante der Feile beide Seiten mit je einer deutlichen vertikalen Linie versehen werden. Diese klaren Abdrücke auf den fertigen Stücken erregen sofort unsere Aufmerksamkeit, zumal sie durch den Salzbrand stärker betont werden.

Walter Keeler: Teekanne (Ausschnitt: Tülle). Eine gedrehte Tülle wurde durch Schlagen mit der Kante einer Metallfeile verformt.

Außerdem kann die Form eines Gefäßes subtil mit Stempeln verändert werden, wenn die Tonoberfläche noch weich ist. Diese Technik wendet Takeshi Yasuda an, vor allem bei Teekannen und großen Krügen. Vor dem Eindrücken des Stempels werden kleine Tonkugeln auf der noch weichen Gefäßoberfläche angebracht. Durch Anbringen des Stempels entsteht eine kleine Delle, die zu einer leichten Verformung führt. Diese Dellen werden noch zusätzlich betont, weil die grünen und braunen Laufglasuren, die Takeshi verwendet, in ihnen zusammenlaufen. Die Kombination von Dellen und Glasurwirkung macht die Gesamtform optisch weicher.

9. Flächendeckendes Dekor

In diesem Kapitel geht es um Formen, deren Oberflächen ganz bzw. größtenteils mit Abdruckstrukturen bedeckt sind.

Geschichte

Nur wenige Gefäße aus der japanischen Jomon-Kultur weisen gar keine Verzierungen auf. Meist ist ein großer Teil der Oberfläche verziert, viele sind vollständig dekoriert. Besonders in der Mitte der Jomon-Epoche entstanden einige sehr opulent verzierte Gefäße. Sie unterscheiden sich von anderen Keramiken der Jomon-Kultur dadurch, dass sich ihre Verzierung nicht auf die Dekoration der Oberfläche beschränkt. Kennzeichnend sind bei all diesen Stücken große, reich verzierte, oft fantastisch anmutende Formen mit perforierten Rändern, die eine exotische Dekoration aufweisen.

Wie bereits in den Kapiteln 1 und 2 beschrieben, sind umfassende Schnurdekore (siehe Foto Seite 23) und

Kammdekore zwei beliebte Techniken auf Kelchen des Neolithikums und der frühen Bronzezeit. In beiden Fällen wurden mit der gedrehten Schnur und dem Kamm Linien eingedrückt, die um das Gefäß herum wiederholt wurden, bis die gesamte Außenfläche bedeckt war.

Dies sind nur zwei Beispiele für prähistorische Keramiken, die vollständig dekoriert sind. Bei den Ritztechniken werden weitere Beispiele beschrieben.

Links
Nahrungsmittelbehälter, Stirlingshire (rechts), ca. 2000-1900 v. Chr. und Argyll (links), ca. 2150 v. Chr., Schottland, H 14,5 cm und 9,7 cm. Bei dem rechten Gefäß wurde die Außenfläche mit Reihen aus dreieckigen Abdrücken dekoriert. Das linke Gefäß weist Linien von Kammzahnabdrücken und dreieckige Eindrücke auf. © *The Trustees of the National Museums of Scotland (EE 167 rechts, HPO 11 links).*

Moderne Praktiken

Lara Scobie baut skulpturale Gefäßformen aus geprägten Platten und Tonstücken auf. Die Strukturen stellt sie meist mit geschnitzten Holzdruckstöcken aus Indien her, die ursprünglich dem Bedrucken von Textilien dienten. Lara wirft dünne Scheiben aus Ton oder Porzellan auf diese Druckstöcke und pellt sie wieder ab. Würde man den Druckstock in den Ton drücken, dann würde er dazu tendieren, am Ton haften zu bleiben, und die Prägung wäre nicht so deutlich und tief. Indem Lara die Scheibe mit einer Seite auf den Druckstock wirft, sie dann abnimmt und den Vorgang mit der anderen Seite wiederholt, schafft sie ein komplexes Muster. Ihre

Eine Auswahl von Objekten, mit denen Lara Scobie strukturierte Oberflächen herstellt.

Eine dünne Porzellanscheibe wird von einem Druckstock abgehoben.

Absicht ist nicht, die Muster der Druckstöcke eindeutig als bestimmte Motive im Ton erkennbar zu machen, sondern sie strebt vielmehr die Schaffung neuer, verschiedener Muster an. Zu diesem Zweck verwendet sie nur Teile der Druckstöcke, um die gewünschte Wirkung zu erzielen. Sie schafft so eine Oberfläche, die aus Schichten von Strukturen besteht, deren Elemente zu sehen sind, die sich aber in neue und andere Formen verwandelt haben.

Die Fotosequenz zeigt einige der Stadien im Aufbau eines Gefäßes von Lara. Die ovale Ausgangsform entsteht durch Verbinden von zwei Platten, die dann mit strukturiertem Ton versehen werden. Zunächst wird das Gefäß verkehrt herum aufgebaut. Röhren aus sehr dünnen, geprägten und zusammengerollten Tonscheiben werden nacheinander angesetzt, bis die gesamte untere Öffnung geschlossen ist. Sobald dieses Unterteil angetrocknet ist, wird das Stück richtig herum gedreht. Dann wird der obere Rand der Platten unregelmäßig beschnitten. Viele weitere Röhren, Streifen und Fragmente aus Ton werden hinzugefügt, bis die gesamte Oberfläche mit überlappenden verzierten Schichten bedeckt ist. Den beschnittenen Rand verdecken Streifen und Stäbchen aus Ton, die über den Rand bis ins Innere des Gefäßes reichen. Abgesehen von den hölzernen Druckstöcken kommt eine Vielzahl anderer Objekte zur Schaffung verschiedener Strukturen zum Einsatz, darunter ein hölzerner Hammer (zum Klopfen von Steaks), ein Zahnrad aus Metall und ein Kamm mit Metallzacken.

Bei manchen ihrer Arbeiten verwendet Lara Steinzeugton, bei anderen Por-

Angarnierte hohle Röhren aus strukturiertem Ton bilden die Unterseite des Gefäßes.

Der Rand wird zugeschnitten. *Fotos: Paul Adair.*

Unten
Lara Scobie (GB): Gefäß, 41 x 19 x 17 cm.
Die Strukturen bei diesem Objekt entstanden durch Anwendung verschiedener Techniken. Porzellan. *Foto: John McKenzie.*

zellanmasse. Nach dem Schrühbrand werden dünne Schichten von Oxiden und Unterglasurfarben aufgebracht und vorsichtig wieder abgetupft, sodass Reste in den Vertiefungen zurückbleiben. So werden schichtweise Farben aufgebaut, und zuletzt wird die Oberfläche des Gefäßes mit einem chinesischen Pinsel bestrichen, der zuvor in transparente Glasur getaucht worden ist. Dadurch wird die Oberfläche betont und erhält einen leichten Glanz. In einem Gasofen werden die Werke bei 1260 °C reduzierend gebrannt. Lara sagt über ihre Arbeiten:

Meine Gefäße sind aus komplexen Schichten von strukturiertem und gemustertem Ton aufgebaut. Dies ist für mich der fundamentale Aspekt meiner Arbeit, und die Entwicklung der Gefäße verlief über das Experimentieren und das Manipulieren des Tons. Die Struktur ist die innovative Kraft für die Form.

Über die Inspiration zu ihren Werken fährt Lara fort:

> Es ist ganz schwierig, eine einzelne Inspirationsquelle zu benennen. So vieles von dem, was ich jeden Tag um mich herum wahrnehme, trägt nämlich zu meinem Werk bei. Eine wunderbare Inspirationsquelle für mich waren allerdings immer schon chinesische Bronzestatuen und antike Metallarbeiten. Die dünnen abgenutzten Ränder von manchen neolithischen Urnen und Küchengeschirren zum Beispiel haben mich dazu gebracht, den Ton so dünn wie möglich zu verwenden. Auch afrikanische Verzierungen stellen in meinen Augen eine faszinierende Kunstform dar und haben meine Ansichten über Binden und Schnüren beeinflusst. Am wichtigsten ist aber meine eigene persönliche Reaktion auf das Medium. Dieser Aspekt war mir immer äußerst wichtig, und das wird er auch bleiben.
>
> Ich genieße meine reine Freude am Umgang mit dem Ton, und ich müsste mir große Sorgen machen, wenn mir diese Begeisterung für das Material verloren gehen sollte.

Wie bereits im Kapitel über Stempel gezeigt wurde, wendet Maureen Minchin verschiedene Techniken an, um ihren Objekten Strukturen zu verleihen. Holzstücke, Schrauben und Muttern sowie in Formen gedrückte Medaillons kommen ebenso zum Einsatz wie gebrannte Tonstempel, wenn sie die Oberflächen ihrer Werke vollständig mit einer opulenten Struktur bedeckt (siehe Fotos in Kapitel 3 über Stempel).

Die Arbeiten beider Keramikerinnen machen deutlich, dass für den Erfolg eines Werks, dessen Oberfläche ganz mit verschiedenen Strukturen bedeckt ist, mehr nötig ist als das bloße Ausfüllen freier Bereiche mit Dekorelementen bei einer ansonsten fertigen Form. Die Strukturen sind kein Zufallsprodukt, sondern integraler Bestandteil der Formen, und ihre Verwendung wird sorgsam unter Berücksichtigung der fertigen Objekte erwogen.

10. Techniken kombinieren

In diesem Kapitel geht es um die Kombination verschiedener Prägetechniken auf ein und demselben Werk.

Geschichte

In der Geschichte der Töpferei hat es viele Epochen gegeben, in denen bei der Herstellung von Gefäßen mehrere Dekorationstechniken zum Einsatz kamen.

Moderne Praktiken

Fast alle der in diesem Buch erwähnten zeitgenössischen Töpfer/innen verbinden verschiedene Methoden, um Spuren und Strukturen auf der Oberfläche ihrer Werke zu hinterlassen. Bei manchen lassen sich die einzelnen Techniken nicht leicht unterscheiden, während man sie bei den Objekten von anderen gut auseinander halten kann. Manche Töpfer/innen haben sich auf eine bestimmte Prägetechnik mehr oder weniger festgelegt, andere arbeiten mit unterschiedlichen Methoden. Je stärker man sich für Oberflächenstrukturen interessiert und eine Vorliebe für sie hegt, desto größer scheint der Drang zu sein, mit ihnen zu experimentieren.

Als ich mir zum ersten Mal Gedanken über die Gliederung dieses Buches machte, kamen mir sofort die Werke von Jane Hamlyn in den Sinn, weil sie in fast jedem Kapitel auftauchen könnten. In *Ceramics Monthly* (April 1989) hat Jane über ihre Arbeiten geschrieben:

> Ich mag Gefäße, denen man ansieht, aus welchem Material sie gemacht sind: Ton. Und der Zustand, in dem ich Ton besonders schätze, ist weich – nicht feucht, nicht klebrig, sondern weich. Ich liebe die Art, wie weicher, plastischer Ton reagiert; die meisten meiner Henkel entstehen, indem weicher Ton auf Strukturen gedrückt oder von ihnen geprägt wird: Bodenbeläge aus Gummi, Autofußmatten, Holzstücke usw. Ich arbeite auch mit gerollten oder eingedrückten Stempeln, und manche Gefäße bestehen aus einem gedrehten und verformten Ring, der mit einem gewalzten und mit geprägter Tapete strukturierten Boden verbunden wird.

Jane schätzt die Präzision dieser Spuren. Außerdem eignen sie sich gut für den Salzbrand, der erhabene Oberflächenstrukturen besonders betont. Zudem gefällt es ihr, wie ein mechanisch produziertes, gleichmäßiges Muster durch den Salzbrand variiert und belebt wird.

Rollstempel und normale Stempel werden im lederharten Zustand verwendet. Das Ausrollen auf den strukturierten Oberflächen geschieht, wenn der Ton noch weicher ist. Das Innere der Gefäße wird roh glasiert, im weißtrockenen Zustand werden dann verschiedenfarbige Engoben aufgepinselt. Zum Schluss werden bestimmte Bereiche mit einer Glasur versehen.

In Beschreibungen zu Janes Werken tauchen manche Begriffe immer wieder auf: »reichhaltig strukturiert« oder »üppige Oberflächen«. Der Salzbrand hat nicht nur die Wirkung, Oberflächendetails zu betonen und zu veredeln, er mildert auch ansonsten eher hart und kantig erscheinende Muster ab. Auch die sehr präzisen Spuren in Janes Arbeiten, die aus der Verwendung von mechanisch produzierten Mustern resultieren, erscheinen dadurch weicher. Und die Engoben und Glasuren tragen zu dieser abmildernden Wirkung bei, die glatten und fließenden Kanten der engobierten und glasierten Bereiche kontrastieren mit den gleichmäßigen Linien der abstrakten Prägemuster. Bei den fertigen Arbeiten kommen uns Bereiche mit verschiedenen Strukturen oder Farben gar nicht zu Bewusstsein, auch nicht die Art und Weise, wie die Strukturen geschaffen sein mögen. Stattdessen fallen uns die starken Formen auf, die in sich harmonisch wirken.

Jane Hamlyn (GB): Teekanne. Rollstempelmuster. Muster auf Henkel und Deckelknauf entstanden durch Rollen des Tons über eine strukturierte Oberfläche. *Foto: Haru Sameshima.*

Teil 2
Ritztechniken

Tonplatte, Jamdat Nasr, Irak, ca. 3200-3000 v. Chr., Höhe 11 cm. Diese Platte ist mit einer frühen Form der Keilschrift versehen; Kreise und Halbkreise stehen für Ziffern. *Ashmolean Museum, Oxford (1926.564).*

Die erste »Schrift« des Menschen bestand aus Zeichen, die mit einer Stockspitze oder einem Schilfrohr in feuchten Ton gekratzt wurden. Die allerersten Beispiele zeigen gezeichnete Bilder (Piktogramme), aber schon bald wurden stilisierte Darstellungen von Objekten eingeritzt, wobei jeder Gegenstand durch einige wenige Spuren dargestellt wurde. Mit der Zeit wurden diese Zeichen standardisiert.

11. Ritzen und Sgraffito

Ritzen betrachte ich im Rahmen dieses Kapitels als eine Handlung, bei der eine Tonoberfläche mit einem schmalen Schnitt oder Kratzer versehen wird, im Gegensatz zum Schnitzen, bei dem eine größere Tonmenge entfernt wird, was so weit gehen kann, dass dabei die Form eines Gefäßes verändert wird (siehe Kapitel 13). Sgraffito zähle ich zu den Ritztechniken, weil hierbei durch eine aufliegende Engobeschicht hindurch, deren Farbe mit der des Scherbens kontrastiert, geritzt wird, sodass die darunter liegende Tonoberfläche hervorkommt.

Geschichte

Zu den bekanntesten Gefäßen mit Ritzdekoren gehören die Keramiken, die in der Grotta-Pelos-Kultur (ca. 3200-2800 v. Chr.) auf den Kykladen entstanden sind. Getöpferte Formen wie Krüge mit Kragen oder die Pyxiden (Kästchen) in zylindrischer und runder Form, die mit leicht gewölbten Deckeln und seitlichen Griffen versehen waren, weisen geritzte Linien auf, die oft in einem Fischgrätenmuster angeordnet waren (siehe Foto unten). Manchmal wurden diese Linien mit einer weißen, kreideartigen Substanz ausgelegt, sodass die geritzten Muster deutlich hervortraten.

Auch bei der Keramik Zyperns der frühen und mittleren Bronzezeit (ca. 2700-1650 v. Chr.) wurden Ritzdekore oft verwendet. Zu den häufigsten Mustern gehören horizontale Ringe, vertikale Streifen, Zickzacklinien und Rauten (siehe Foto Seite 71). Wie bei den Gefäßen der Kykladen wurden auch hier die Linien oft mit einem weißen Material gefüllt, um einen Kontrast zur Oberfläche der Gefäße zu bewirken, die meist schwarz und/oder dunkelrot war. Es gibt viele verschiedene Gefäßformen, die mit dieser typischen Dekorationstechnik verziert sind, z. B. Alltagsgegenstände wie Flaschen, Schalen, Krüge und Tassen. Auch andere, komplexere Formen wurden hergestellt, sie dienten hauptsächlich als Grabbeigaben. Hierzu gehören Ringgefäße, Gefäße mit wiederholten Merkmalen (z. B. Krüge mit zwei oder mehr Hälsen) sowie Formen, die mit Miniaturgefäßen versehen waren, die der Grundform ähnlich waren.

Aus der Kultur der C-Gruppe (ca. 2200-1500 v. Chr.) im unteren Nubien stammt eine Keramikgattung, die als

Zylindrische Pyxis (Kästchen), Kykladen, Ägäis, Grotta-Pelos-Kultur, ca. 3200-2800 v. Chr., H 10,5 cm. Eingeritztes Fischgrätenmuster. *Ashmolean Museum, Oxford (AE. 435).*

»polierte Ritzkeramik« bekannt wurde. Die Oberflächen dieser Gefäße, vor allem Schüsseln mit rundem Boden, weisen einen Kontrast von glatt polierten und strukturierten Bereichen auf, wobei Letztere aus geritzten Streifen, schraffierten Linien, Zickzack- und Fischgrätenmustern bestanden. Man vermutet, dass die Motive von Korbgeflechten abgeleitet sind. Im Brand wurden die Gefäße schwarz oder rot, und die geritzten Linien wurden mit weißem Pigment gefüllt, um das Muster hervorzuheben.

Rechts
Krug mit Doppelhals, Zypern, ca. 2000-1800 v. Chr., 28,3 cm x 15,2 cm. Ritzdekor.
© The Trustees of the National Museums of Scotland (1875.43.6).

Unten
Vase und zwei Schalen, Nubien. C-Gruppen-Keramik aus Faras (wahrscheinlich frühes 2. Jahrtausend v. Chr.), H 15,3 cm, H 7,6 cm, H 10,2 cm. Vase: geprägtes Rautenmuster, Schalen: Ritzmuster. In die eingeprägten und eingeritzten Bereiche wurde weißes Pigment gerieben, um das Muster hervorzuheben.
© The Trustees of the National Museums of Scotland (1912.319, 1912.531, 1912.532).

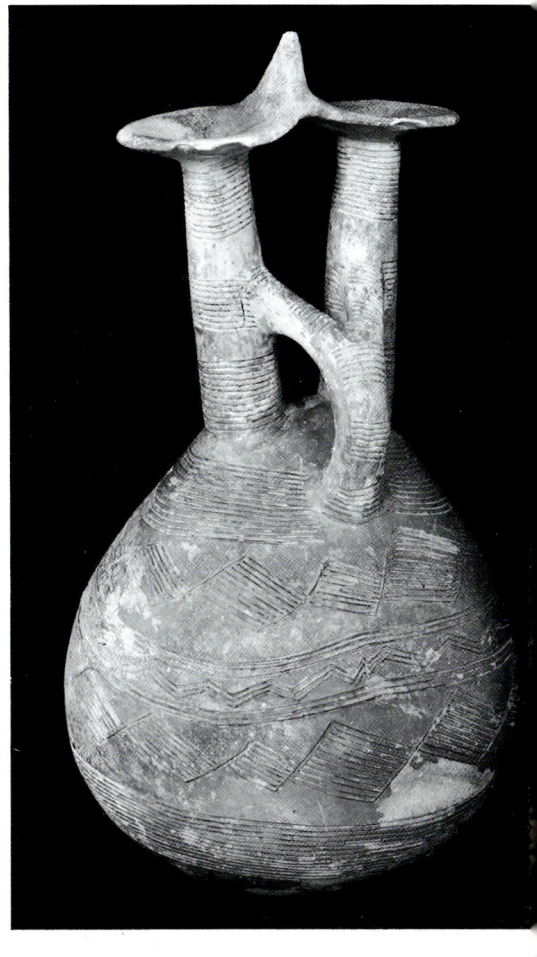

Technik

Das Ritzen kann in jeder Trocknungsphase geschehen, vom sehr weichem Ton bis zum fast weißtrockenen. Dabei sind verschiedene Wirkungen möglich. Außerdem erfordern die verschiedenen Zustände verschiedene Werkzeuge. Sehr weicher Ton lässt sich auch mit stumpfen Werkzeugen gut einritzen, während beim Arbeiten mit trockenerem Ton die Verwendung von spitzen oder scharfen Instrumenten nötig ist, wenn man eine sauber geschnittene Linie erreichen will.

Harris Deller (USA): Porzellanvase mit eingeritzten konzentrischen Bögen.

Eine der wirksamsten Methoden, ein eingeritztes Muster zu betonen, besteht darin, dass man eine schwach gefärbte Transparentglasur, wie etwa Seladon, aufträgt. Auf einem hellen Scherben kann dies besonders effektvoll wirken, weil die Glasur sich in den geritzten Linien sammelt und dort dunkler wirkt als die Umgebung. Dabei lassen sich je nach Tiefe der Linien verschiedene Dunkelgrade erzielen.

Beim Sgraffito ist Übung nötig, bis man weiß, bei welchem Trocknungsgrad das Auftragen eines Engobeüberzugs am günstigsten für das Einritzen ist. Wenn man die Engobe zu stark trocknen lässt, kann sie beim Einschneiden an den

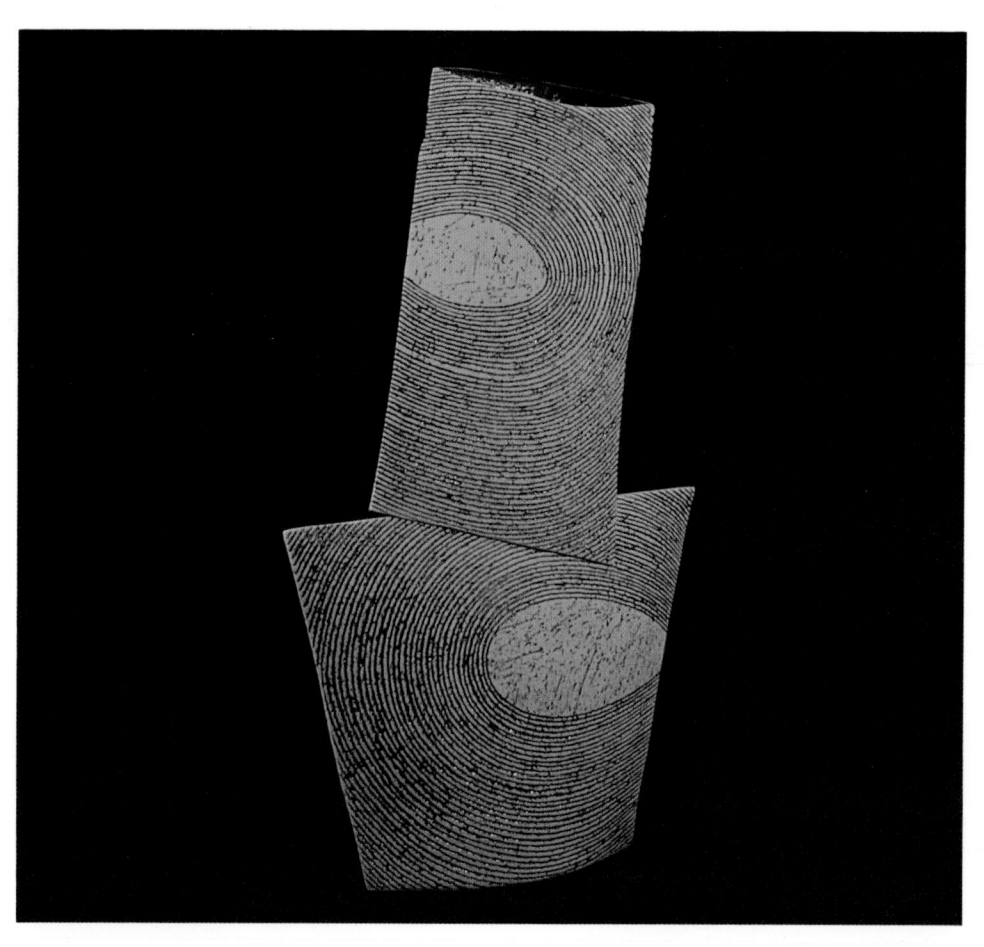

Kanten abblättern. Ist sie zu feucht, lassen sich keine exakten Linien schneiden. Sgraffitomuster können sehr wirkungsvoll sein, wenn sie mit einer Transparentglasur bedeckt werden, oder wenn man die Oberfläche der Stücke poliert, wie dies Siddig El'nigoumi macht.

Moderne Praktiken

Die Gefäße von Siddig El'nigoumi bestehen aus Fremington-Ton, der mit farbigen Engoben (meist rot oder grün) bepinselt wird. In dieser Phase hat Siddig bereits eine feste Vorstellung, welches Muster er in die Engobe ritzen will. Er lässt die Stücke bis zum gewünschten Zustand trocknen und poliert sie. Dafür verwendet er eine Reihe von Alltagsgegenständen, u. a. glatte Kiesel, Rückseiten von Löffeln und für unzugängliche Bereiche die Antenne eines alten Radios. Nach dem Polieren beginnt Siddig, das Muster einzuritzen. Das geschieht mit alten Stricknadeln. Schalen lässt er zum Bearbeiten in ihren Formen, damit sie dabei gestützt werden. Beim Dekorieren ruht Siddigs Hand auf einem dünnen Stück Holz, das die Form überspannt

Beim Einritzen eines Musters in eine eingeformte Schale ruht die Hand von Siddig El'nigoumi auf einer Holzleiste, die auf der Form aufliegt. *Foto: Coll Minogue.*

Siddig El'nigoumi (Sudan/GB) 1994: Schale.
Sgraffitodekor. Eingeformtes Steingut.
Foto: Coll Minogue.

(siehe Foto Seite 73). Viele seiner Schalen sind am Rand mit komplizierten geometrischen Mustern versehen, während in der Mitte ein einzelnes Zeichen, oft ein Fisch oder ein geometrisches Symbol, angebracht ist. Auf jedem Stück befindet sich an irgendeiner Stelle im Muster Siddigs Signatur: ein winziger Skorpion. Die dekorierten Arbeiten werden bei 800 °C gebrannt. Seine Inspiration bezieht Siddig aus einer Vielzahl von Quellen: arabischen, afrikanischen und britischen. Dass er in seinem Geburtsland Sudan schon früh eine Ausbildung in Kalligraphie absolviert hat, sieht man vielen seiner Arbeiten an. Seit den späten 1960er-Jahren lebt Siddig in Großbritannien, und schon seit vielen Jahren lässt er sich für die Bilder in seinem Werk von seiner Umgebung inspirieren oder von aktuellen Ereignissen. Eine Serie von Schüsseln wies Darstellungen auf, die mit der Anti-Atomkraftbewegung und *Greenham Common* in Zusammenhang standen. Eine andere Serie basierte auf Kreuzworträtseln. Oft wird antike arabische Kalligraphie mit Bildern aus dem England der 1990er-Jahre zu einem speziellen Kommentar über das Zeitgeschehen verbunden.

Der amerikanische Keramiker Harris Deller stellt abgeflachte Arbeiten aus Porzellan mit komplizierten Linienmustern her, die zweidimensional wirken.

Ursprünglich handelt es sich um gedrehte Stücke, die im noch feuchten Zustand komprimiert werden, sodass sich ihr Volumen verringert. Sie werden verformt und mit zusätzlichen Platten und Strängen versehen. Während des Trocknens werden die Formen weiter verfeinert. Teekannen erhalten extrudierte (stranggepresste) Henkel und Tüllen. Nach dem Trocknen werden die Objekte mit einer Metallschiene geglättet. Mit einem aus einem Lötstab gefertigten spitzen Stift werden Muster wie Bögen, Streifen oder Kreuzschraffuren geschaffen. Auf großen Stücken werden Linien mit Hilfe von Schlingen angelegt. Harris erläutert:

> Das Ritzen findet statt, wenn der Ton sich in einem Zustand zwischen lederhart und weißtrocken befindet. Von der Feuchtigkeit des Tons hängt die Art der Linie ab, die ich schaffen kann. Normalerweise beginne ich mit dem Ritzen, wenn das Stück lederhart ist, sodass ich den Trocknungsprozess ausnutzen kann.

Nach dem Schrühen werden die Porzellanteile schwarz glasiert. Überschüssige Glasur wird mit dem Schwamm entfernt, sodass in den geritzten Linien viel Glasur verbleibt. Dann wird mit rauem Sandpapier geschliffen, um den Schwarz/Weiß-Kontrast zu erhalten. Gebrannt wird bei 1320 °C in reduzierender Atmosphäre, um die Ware hart und hell zu machen. Manchmal werden die Stücke noch sandgestrahlt. Das Ergebnis ist eine Vielfalt von erstaunlichen schwarzweißen Formen, die auf den ersten Blick wie vertraute funktionale Objekte erscheinen – Tassen und Untertassen, Vasen, Teekannen –, die sich aber bei näherer Betrachtung als Illusionen dieser Objekte herausstellen. Verstärkt wird dieses Gefühl von Illusion durch die linearen

Janet Mansfield (Australien): Behälter, H 48 cm. Muster durch Engobeschicht geritzt. Steinzeug, Holzbrand, Salzglasur.

Oberflächenmuster, hinter denen sich die Ursprungsformen verbergen. Harris beschreibt sein Werk und seine Einflüsse folgendermaßen:

> Ich versuche, wie ein Töpfer intuitiv zu arbeiten. Ein Stück oder eine Form führt zu einer anderen; ich suche nach Beziehungen zwischen Form und Oberfläche, die funktionieren könnten. Die besten Ergebnisse erziele ich, wenn ich mich auf Verfeinerung und Nuancierung konzentriere. Beeinflusst sind meine Arbeiten von »kykladischen« Figurinen sowie von den Arbeiten von Hans Coper und Lucie Rie.

Sarah Walton (GB) 1981: Große Vase, H 37,5 cm. Diagonales Sgraffito, salzglasiertes Steinzeug.

Die englische Töpferin Sarah Walton stellte in den 1980er-Jahren salzglasierte Keramik her, die sie ausgiebig mit Linien dekorierte, die durch eine Engobeschicht geritzt waren. Diese Linienmuster passten sehr gut zu den ruhigen, aber üppigen Oberflächen, die Sarah mit ihren salzglasierten Arbeiten in dieser Zeit herstellte. Es entstanden gedrehte Behälter mit Deckeln, Teekannen, Krüge, Vasen und aufgebaute Pflanzsteine, bei denen z. T. die gesamte Oberfläche mit geritzten Linien bedeckt war. Sarah in der *Aberystwyth Arts Centre's Ceramic Series* (Nr. 14) über ihre Inspiration:

> ... die Falten von Gewändern, die wallend über Torsos und Körperteilen hingen, und die Art, wie gewelltes Haar in der griechischen Antike über die Schultern und auf den Rücken fiel, haben mir den Anstoß gegeben. Die direkte Verbindung zwischen der Figur unter dem Gewand und dem daraus resultierenden Verhalten des Stoffes habe ich mir bei meinen Formen und ihrer Dekoration zum Vorbild genommen.

Becher, East Lothian (links) und Orkney (rechts), Schottland, ca. 1900-1500 v. Chr., H 6,5 cm und 6,8 cm. Ritzdekor. © *The Trustees of the National Museums of Scotland (EC 4 links, EC 1 rechts)*. Siehe auch Foto Seite 109.

Auch die australische Töpferin Janet Mansfield (sieheKapitel 5) brennt ihre Gefäße im Holzofen mit Salzglasur und dekoriert sie mit eingeritzten Mustern. Dabei ritzt sie mit einem keilförmigen Werkzeug aus Holz durch eine Engobeschicht und stellt eine Vielzahl verschiedener Linien her: breite, schmale, tiefe und flache. Diese Linienmuster werden durch den Salzbrand hervorgehoben.

Das Werk dieser vier Künstler/innen zeigt, wie sich durch Einritzen sehr unterschiedliche Stilrichtungen schaffen lassen, die sich von niedriggebrannten Sgraffitomustern bis zu salzglasiertem Steinzeug und hochgebranntem Porzellan erstrecken.

12. Kämmen

Kämmen bezeichnet in diesem Kapitel die Herstellung paralleler Linien mit einem gezahnten oder gezackten Instrument, und zwar direkt auf der Tonoberfläche oder durch eine Engobeschicht hindurch.

Geschichte

Da es sich beim Kämmen um eine der direktesten Methoden zur Dekoration einer Tonoberfläche handelt, ist es nicht verwunderlich, dass sie auf Keramiken aus vielen Ländern und Epochen auftaucht. Auf Scherben der frühesten nubischen Keramik (ca. 6000 v. Chr.) finden sich wellig eingeritzte Dekorationslinien. Man nimmt an, dass diese Linien von Fischgräten herrühren. Die Scherben stammen von unbemalten, aufgebauten, rundlichen Gefäßen.

In Japan wurde die Kammtechnik bei der Sueki-Keramik angewendet, die um 400 n. Chr. entstand. Hierbei handelt es sich um schwarzgraue Gefäße, die auf der Scheibe gedreht und bei 1000-1200 °C gebrannt wurden. Sie waren anders als alles, was bis dahin in Japan getöpfert worden war. Typische Sueki-Keramiken sind Gefäße mit mehreren Öffnungen und Tierornamenten, deren Sockel oft drei- oder viereckig ausgeschnitten war.

Auf chinesischer Seladonware, die während der Nördlichen Song-Dynastie (960-1126 n. Chr.) entstand, kam das Kämmen ausgiebig in Kombination mit Ritz- und Schnitztechniken bei der Dekoration zum Einsatz. Das Foto auf Seite 79 zeigt ein Gefäß (ein Behälter mit Deckel und sechs zylindrischen Tüllen im Schulterbereich), das mit drei getrennten Ringdekoren versehen ist, die alle aus verschnörkelten Blattmustern bestehen und durch geschnitzte/geritzte Linien voneinander abgesetzt und zum

Vase, Sueki-Keramik, Japan, H 31,8 cm, Ø 15,2 cm. Streifen mit Kammdekor.
© The Trustees of the National Museums of Scotland (1908.392.3).

Teil mit Kammmustern versehen sind. Auch der Deckel mit dem modellierten Vogel weist Kammspuren auf. Betont werden die Spuren durch das Zusammenlaufen der Seladonglasur.

Kammdekore waren auch in der englischen Keramik des Mittelalters weit verbreitet. Es gab Dekorstreifen, die horizontal um Krüge herum verliefen, Kammspuren, die senkrecht vom Rand bis zum Boden reichten sowie drei- und viereckige Bereiche, die mit Kammspuren ausgefüllt waren. Kombiniert wurden diese Dekore mit Techniken wie Rollstempeln (Kerbenmuster), angarnierten gekräuselten Tonstreifen, aufgesetzten Tonkugeln, Stichspuren und Daumenabdrücken auf der Unterseite.

In Teilen Nigerias wenden traditionelle Töpfer eine Technik an, bei der harte Grashalme zwischen den Fingern gehalten und als Kamm benutzt werden, um Streifen aus parallelen Linien auf Gefäßen anzulegen. Töpfer des Ibibio-Stammes nehmen Kämme, die so mit einem Blatt umwickelt wurden, dass nur die Spitzen der Zacken vorstehen, und schaffen damit Kammlinien, besonders um die Hälse von Behältern herum.

Auf den Inseln der Milne-Bay-Provinz von Papua-Neuguinea ist das Kämmen als Dekoration traditioneller Kochgefäße mit rundem Boden weit verbreitet. Auf einer der Inseln werden Gefäße mit parallelen Wellenlinien verziert, die mit Kämmen hergestellt werden, die zwei, drei oder vier Zacken aufweisen und aus schwarzem Palmholz gemacht sind. Auf einer anderen Insel bestehen die zum Dekorieren benutzten Kämme aus der Rinde oder der Mittelrippe des Blattes der Sagopalme und haben zwei bis sechs Zacken. Bei der Herstellung dieser Kämme werden die Zähne auf gleiche Länge gebracht, indem man sie kurz gegen glühende Kohle drückt.

Vase mit Deckel, China, Nördliche Song-Dynastie, 960-1126 n. Chr. Seladonglasur über Kammdekor, Steinzeug. *Glasgow Museums: The Burrell Collection (38/286).*

Technik

Ein Kamm zum Bearbeiten von Engobe lässt sich aus jedem biegsamen Material herstellen, z. B. Pappe oder Plastik. Für das Einritzen gekämmter Linien in Ton braucht man ein härteres Material. Viele Gegenstände sind geeignet – Gabeln aus Plastik oder Metall, Wabenscheiben aus dem Bienenstock, Teile von alten Sägeblättern usw. Ideal für Tonoberflä-

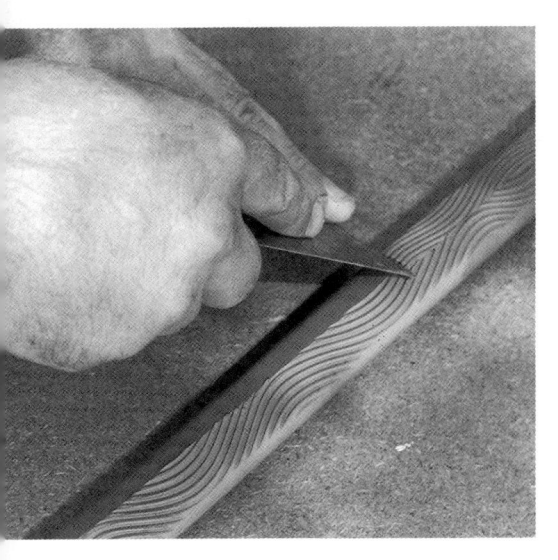

Mit einem Tapetenentferner mit gezahnter Kante wird ein Bandhenkel mit Wellenlinien versehen.

chen sind auch rechteckige Hartplastikschablonen mit gezahnten Kanten, die meist zum Verstreichen dickflüssiger Klebstoffe mitgeliefert werden.

Bei jedem Beispiel entstehen verschiedenartige Linien. Man kann auch selbst einen Kamm anfertigen. Am leichtesten geht das mit einem dünnen, ca. 3 mm starken Stück Holz in bequemer Länge. Nachdem man sich entschieden hat, wie viele Zacken man braucht und wie groß der Abstand zwischen ihnen sein soll, schneidet man mit einer Feile oder einer Säge Rillen in das Ende des Holzstücks. Wenn die Zähne zu eng angeordnet sind, setzen sie sich schnell mit Ton zu. Am besten wartet man, bis die rauen Grate, die beim Kämmen von lederhartem Ton entstehen, getrocknet sind, und säubert die Linien erst dann, sonst können sie verschmieren. Bei Kämmen, mit denen durch Engobe geritzt wird, sollten die Zähne eher abgeflacht sein und nicht zu eng stehen. Kammdekore mit Engobe sind wie andere Dekorationstechniken mit Engobe (z. B. Sgraffito) dann am wirksamsten, wenn die Farbe der Engobe mit der des darunter liegenden Scherbens kontrastiert.

Moderne Praktiken

Der englische Töpfer Richard Dewar, der in Frankreich lebt und salzgebrannte Objekte herstellt, bedient sich vieler Werkzeuge und Techniken, um seine Arbeiten mit verschiedensten Strukturen zu versehen. Über seine Werkzeuge sagt Richard: »Ich verwende recht einfache Werkzeuge. Töpfer haben einen Ruf als erstklassige Recyclingspezialisten in

Geoff Crispin (Australien): Rechteckige Flasche, H 29 cm. Kamm- und Schnitzdekor unter einer Seladonglasur. Gegossenes Porzellan, Holzbrand.

Oben
Mit den Zacken eines kleinen Zahnrades werden Linien geschaffen.

Rechts
Ein Gesamtmuster wird aufgebaut.

Haus und Küche, und meine Auswahl an Töpferwerkzeugen bestätigt das.«

Zu Richards Werkzeugen für Kammdekore gehören gezackte Tapetenentferner, das Blatt einer Bügelsäge, die gezackte Abreißhilfe eines Klebebandspenders, ein Stück von einem Haarkamm und ein Zahnrad aus einem Spielzeug-Uhrwerk. Er geht folgendermaßen vor: Mit dem Tapetenentferner versieht er den Bandhenkel mit fließenden Linien, bevor er ihn ansetzt. Dann beginnt der Dekorationsprozess. In den unteren Gefäßteil werden mit einem gespannten, spiralförmigen Vorhangdraht Facetten geschnitten, sodass eine aus Wellenlinien bestehende Oberflächenstruktur entsteht. Dann werden mit einem abgefeilten Bügelsägeblatt im oberen Teil des Kruges senkrechte Linien angebracht,

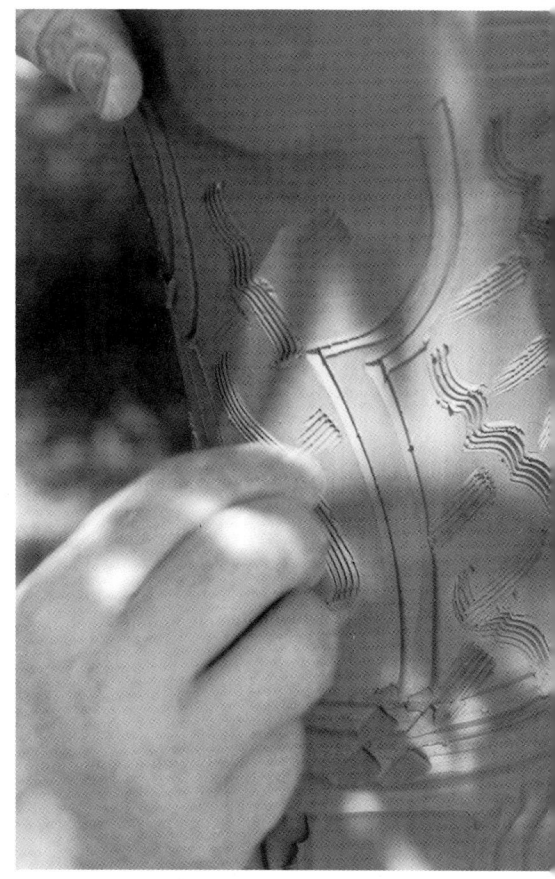

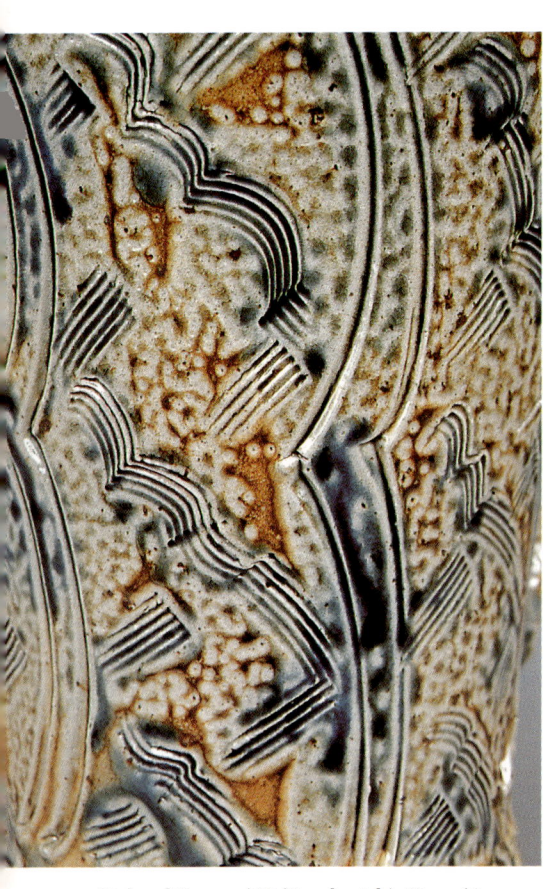

Richard Dewar (GB/Frankreich): Krug (Ausschnitt). Kamm- und Ritzdekor. Salzglasiertes Steinzeug.

zwischen denen Bereiche frei bleiben, die weiter dekoriert werden. Mit verschiedenen Werkzeugen (siehe oben) werden unterschiedliche Kammspuren auf der Tonoberfläche angelegt, manche gerade, einige V-förmig, andere wellenförmig, bis ein Gesamtmuster entsteht. Richard ist der Ansicht, dass Ritz- und Abdruckdekore und besonders »... die Kammtechnik erst im Salzbrand ihre ganze Wirkung entfalten. Der Glasurdampf wirkt auf jede erhabene Kante ein und betont das Relief.« Bevor Richard mit der Dekoration eines Gefäßes beginnt, hat er schon eine Vorstellung vom gewünschten Ergebnis, und erst dann sucht und findet er die Möglichkeiten, es mit verschiedenen Dekorationsmethoden zu erreichen.

Ein anderer Töpfer, der mit der Kammtechnik arbeitet, ist der Australier Geoff Crispin. Viele seiner Werke entstehen in Gießformen. Seine Vorgehensweise beschreibt er so:

> Ich stelle ein Modell aus Gips her und mache daraus eine Gießform. Das gegossene Stück, das die Form verlässt, ist ohne Dekor. Sobald die gegossene Form so weit gehärtet ist, dass man sie beim Handhaben nicht verformt oder beschädigt, wird mit der Schnitzarbeit begonnen. Das Kämmen ist der letzte Vorgang und wird gewöhnlich schräg ausgeführt, um die Bewegung des Dekors um das Gefäß herum zu betonen.

Als Werkzeuge zum Kämmen benutzt Geoff kleine Stücke von Bügelsägeblättern. Je nach Oberfläche kommen verschiedene Größen zum Einsatz.

Nach dem Schrühbrand werden die Gefäße glasiert. Wegen der geschnitzten und gekämmten Muster muss die Glasur erst dünn über das Gefäß gepinselt werden, bevor es in die Glasur getaucht wird. Andernfalls können beim Eintauchen Lufteinschlüsse entstehen, was in der gebrannten Glasur zu Nadelstichen führt. Wenn die Glasur trocken ist, werden alle Laufspuren geglättet. Danach wird das Gefäß im Holzofen gebrannt.

Das einfache Kämmen durch einen Engobeüberzug, bei dem parallele Wellenlinien in kontrastierender Farbe entstehen, kann eine Tonoberfläche enorm beleben. Auch wenn man direkt in den Ton zickzackförmige, geschwungene oder gerade Linien kämmt, kann dies eine starke Wirkung haben, besonders in Kombination mit Glasuren, die das Muster hervorheben, oder beim Salzbrand.

13. Schnitzen

Den Begriff »Schnitzen« benutze ich in diesem Buch in der Bedeutung von »Einschneiden«, um Ton in einer bestimmten Menge zu entfernen (im Unterschied zu Ritzen). Das Schnitzen von Hoch- oder Tiefreliefs hat eine stärkere Auswirkung auf eine Oberfläche als das Einritzen. Da auch beim Kannelieren Rillen ausgeschnitten werden, wird diese Technik in diesem Kapitel ebenfalls besprochen.

Kelch, Japan, Jomon-Epoche, H 15,2 cm, Ø 15,2 cm. Geschnitztes/geritztes Dekor. © The Trustees of the National Museums of Scotland (1909. 500.142).

Geschichte

Bei vielen Gefäßen, die aus der japanischen Jomon-Epoche stammen, weist die Oberfläche geschnitzte Strukturen auf. Bei manchen sind die mit gerollter Schnur dekorierten Bereiche von tiefen Furchen eingefasst, die aus der Tonoberfläche ausgeschnitten wurden. Bei anderen wurde die Oberfläche mit zusätzlichen Dekoren in der Form von Rillen versehen, sodass es drei verschiedene Oberflächenebenen gibt und die Gesamtwirkung des Dekors durch das Wechselspiel von Licht und Schatten intensiviert wird.

Die Blüte des Schnitzens und Kannelierens als Dekorationstechniken wird in der chinesischen Song-Dynastie (960-1279 n. Chr.) mit ihrer Seladonkeramik vermutet. Die sinnlichen, rhythmisch geschnitzten Muster basierten oft auf Blumenmotiven (u.a. Lotusblüte und Pfingstrose), Blätterwerk und Naturszenen. Die geschnitzten Linien wurden so angelegt, dass die Glasur, die das Muster bedeckte, um so dunkler wirkte, je tiefer die Schnitttiefe war (siehe Foto Seite 79). Abgesehen von diesen Werken mit ausgefeilten Schnitzmustern wurden Gefäße – besonders Schüsseln – hergestellt, deren Außenwandung mit einem einfachen Schnitzdekor versehen war, das auf dem Lotusblatt basierte (siehe Foto Seite 84).

Eine Variante der traditionellen Keramik, die in der Ost-Sepik-Provinz in Papua-Neuguinea hergestellt wird, sieht aus wie geschnitztes und poliertes Holz. Die meist konischen Schalen und Schüsseln werden in Wulsttechnik aufgebaut und sind mit geschnitzten Dekoren verziert, die oft geschwungene, ausgeschnittene Linien aufweisen. Das Ausschneiden und Vertiefen der Muster geschieht mit Werkzeugen, die aus Betelnüssen hergestellt werden. Die Gefäße werden mit der abgerundeten Rückseite eines Bambusmessers innen und außen auf Hochglanz poliert, sodass die polierte Oberfläche in deutlichem Kontrast zu den ausgeschnittenen Bereichen steht.

Technik

Je nach Trocknungsgrad des Tons kann das Schnitzen mit unterschiedlichen Werkzeugen durchgeführt werden. Weicher Ton lässt sich mit jeder Drahtschlinge schneiden. Bei lederhartem Ton braucht man schärfere Instrumente.

Beim Kannelieren werden klare, saubere Linien ausgeschnitten, die der Form des Gefäßes folgen. Je nach Werkzeug und Handhabung sieht die Rille im Querschnitt unterschiedlich aus: von einem Schnitt mit einer senkrechten und einer schrägen Seite über eine V-Form, die bewirkt, dass zwischen den Schnitten ein scharfer Grat in der Form eines umgedrehten V stehen bleibt, bis hin zu Rillen mit runden Vertiefungen und geraden oder schrägen Seiten. Beim Drehen eines Gefäßes, das später kanneliert werden soll, muss man die Tiefe der Rillen berücksichtigen und die Gefäßwandung entsprechend dick drehen. Am besten ist Ton zum Kannelieren geeignet, wenn er lederhart ist. Kannelierte Dekore kommen sehr gut zur Geltung, wenn sie mit einer durchscheinenden Glasur überzogen werden. Dann läuft die Glasur in den tieferen Bereichen der Rillen zusammen und wirkt dunkler, während die Grate dazwischen heller erscheinen.

Moderne Praktiken

Antonia Salmon (GB) stellt im Schmauchbrandverfahren Gefäße mit geschnitz-

Schale, China, Südliche Song-Dynastie, 1127–1279 n. Chr., Ø 16,5 cm. Geschnitztes Lotusdekor unter Longquan-Seladonglasur. Porzellan. *Glasgow Museums: The Burrell Collection (38/299).*

ten Dekoren her. Manche Stücke werden gedreht, andere mit flachen Wülsten aufgebaut. Nach Fertigstellung der Form werden horizontale Streifen mit Bleistift vorgezeichnet. Dann werden mit einem Metallstift Linien angelegt und als Nächstes die Streifen mit einer Drahtschlinge ausgeschnitten. Die erhabenen Streifen poliert man mit der Rückseite eines Teelöffels. Dies geschieht drei- bis viermal. Die Streifen zwischen den polierten Bereichen werden mit der gezackten Seite einer Metallschiene gekämmt und strukturiert. Antonia über ihre Arbeiten:

> Ich wende diese Dekorationstechnik an, weil die glatte, polierte Oberfläche sehr gut mit der subtilen Struktur zusammenwirkt und einen schönen Oberflächenkontrast bildet. Ich setze bei meinen Werken auf die taktile Komponente; das Einritzen oder Strukturieren der Oberfläche verstärkt diese Wirkung. Beeinflusst sind die Muster von prähistorischen, keltischen und südamerikanischen Mustern. Sie werden selten im Voraus geplant.

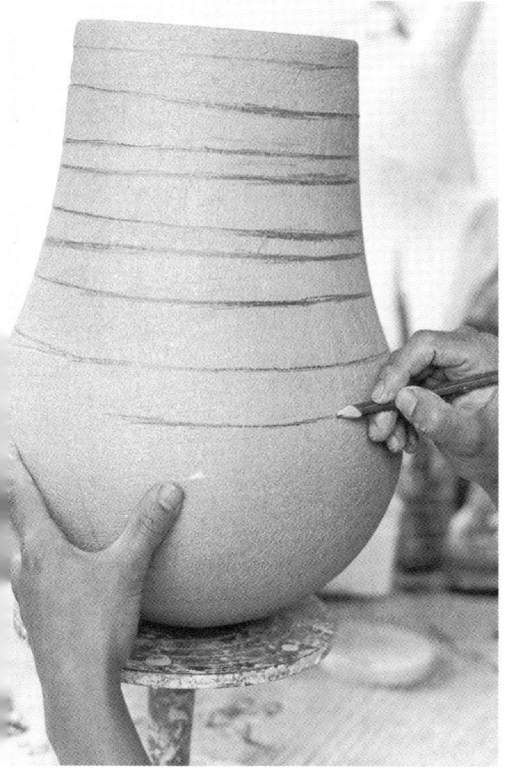

Mit einer Drahtschlinge wird Ton abgetragen.

Mit dem Bleistift werden auf der Oberfläche der aufgebauten Form die Bereiche vorgezeichnet, die ausgeschnitten werden sollen.

Die erhabenen Bereiche werden mit der Rückseite eines Teelöffels poliert.

Antonia arbeitet mit feinem, weißem Steinzeugton. Sie schrüht ihre Arbeiten bei 1060 °C und setzt sie dann einem Schmauchbrand in Sägespänen aus. Abschließend wird jedes Stück mit Wachs poliert, wodurch es einen feinen Glanz erhält. In einem Artikel in der *Ceramic Review* (Nr. 130, 1990) schrieb sie:

> Wenn ich überlege, welche Objekte mich inspiriert haben, dann sind dies oftmals anonyme Werke aus verschiedenen Kulturen, zum Teil antiken Ursprungs, deren praktische und frische Wirkung sich über die Jahrhunderte erhalten hat. Ich denke da an kleine Gegenstände wie landwirtschaftliche Werkzeuge, Kämme, Hocker, Spiegel und Armbänder, deren Form auf einzigartige Weise mit der Funktion in Zusammenhang steht und deren handwerkliche Qualität ihre Würde ausmacht.

Die amerikanische Töpferin Lynne Crumpacker stellt Objekte her, die nach dem Drehen ausgiebig verformt und durch Schnitzen verändert werden. Dazu sagt sie: »Der Hauptantrieb für meinen Drang zum Schneiden, Stempeln und Verformen ist im Ton selbst begründet! Es ist faszinierend, weichen und form-

Eine Auswahl der Werkzeuge, die Antonia Salmon bei der Herstellung ihrer aufgebauten, geschnitzten und polierten Objekte benutzt.

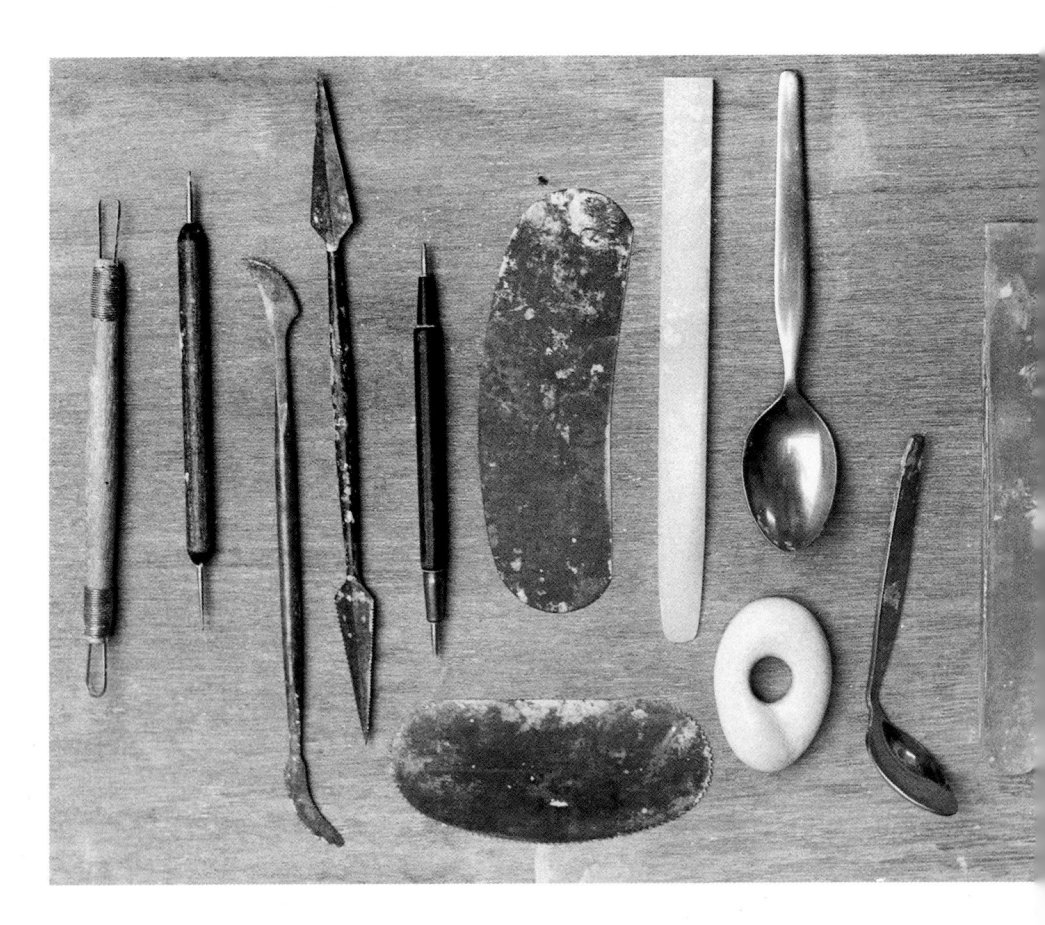

Antonia Salmon (GB) 1988: Gefäß mit horizontaler Struktur. Aufgebaut, geschnitzt, strukturiert, poliert und schmauchgebrannt. Steinzeug.

baren Ton zu nehmen und in eine harte, beständige Form zu verwandeln...« Zum Schnitzen und Verformen benutzt sie einfache Werkzeuge: Küchenmesser, Holzmesser und flache Metallwerkzeuge. Das Verformen der Gefäße beginnt noch auf der Scheibe und weitere Veränderungen finden statt, während der Ton trocknet. Im lederharten Zustand werden durch Schnitzen detaillierte Dekore angelegt. Besonders stark wird Lynne von der Keramik der frühen Jomon-Epoche inspiriert.

Der amerikanische Künstler Arnold Zimmerman erschafft aus Ton monumentale geschnitzte Skulpturen. Dazu schreibt er:

> Mein Werk wird von Kunst und Architektur aus vielen Kulturen beeinflusst. Das Einschneiden in Tonwandungen geht auf meinen noch andauernden Dialog mit dem Material zurück, der vor 25 Jahren begonnen hat, als ich in England und den USA eine Töpferausbildung absolvierte. Ich stelle zwar keine Gebrauchskeramik mehr her, aber die Erfahrung dieses Handwerks verarbeite ich noch immer in meinen Skulpturen. Meine Formen werden zunächst aufgebaut und sind hohl. Dann wird etwas ausgeschnitten, etwas angesetzt, wieder etwas ausgeschnitten usw. Also eine Technik, die Subtraktion und Addition vereint. Außerdem werden diese Stücke glasiert. Es ist eine andere Art von Manipulation des alten keramischen Verfahrens.

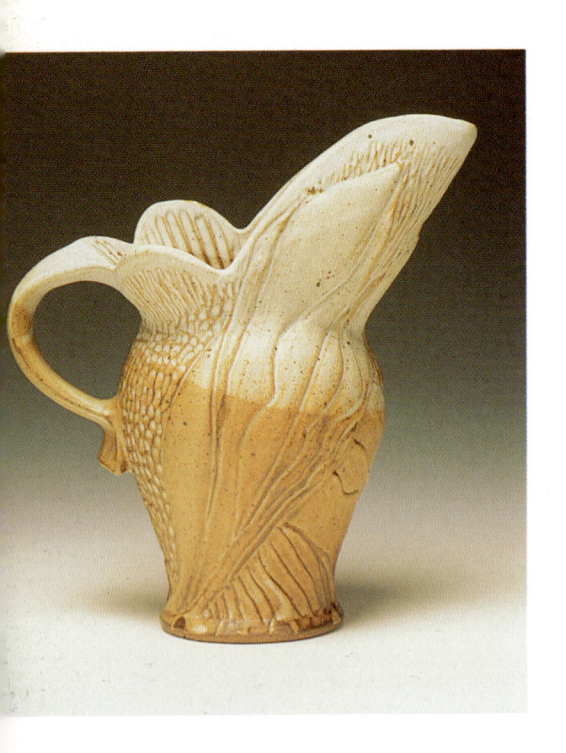

Viele der Objekte, die Arnold so herstellt, sind über zwei Meter hoch.

Carlos von Reigersberg-Versluys (GB) stellt Einzelstücke mit detailreichen Oberflächen her. Beeinflusst ist er von afrikanischen Gefäßen, besonders von denen der Ibo und anderer nigerianischer Völker. Die Bearbeitung geschieht noch im weichen Zustand. Noch bis vor kurzem hat Carlos für das Schneiden fast ausschließlich Drahtschlingen benutzt. Jetzt wendet er eine Technik an, bei der der Ton eher verschoben wird als geschnitten. Dabei wird die stumpfe Spitze eines Holzwerkzeuges in den Ton gestoßen und dann so durch das Material gezogen, dass die gewünschte Form entsteht. Da der Ton weich ist und das Werkzeug stumpf, wird der Ton, der dem Werkzeug im Weg ist, zu beiden Seiten aufgeworfen. So werden Rillen mit erhabenen Kanten geformt, wodurch

Links
Lynne Crumpacker (USA): Krug, H 35,5 cm. Gedreht, mit aufgebauten Teilen. Geschnitzte Dekoration.

Rechts
Arnold Zimmerman (USA) 1989: Säulen, 305 x 71 bis 101 cm. Geschnitztes Steinzeug.

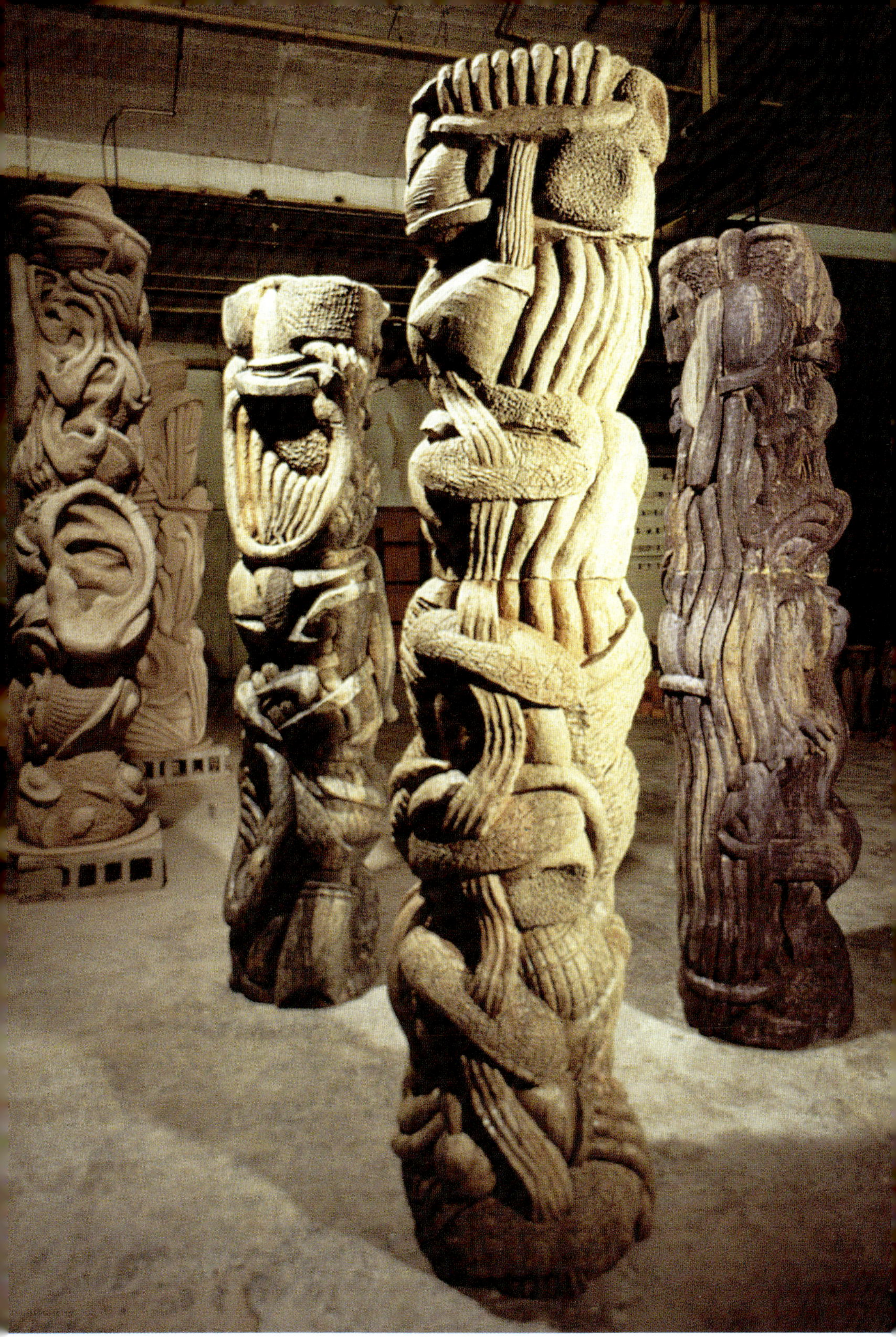

Carlos von Reigersberg-Versluys (GB): Schüssel, H 15 cm. In den noch weichen Ton wird mit stumpfen Holzwerkzeugen geschnitzt oder geritzt. Steinzeug mit matter Ascheglasur.

Derek Emms (GB): Teekanne. Schnitzdekor unter Seladonglasur. Porzellan.

die Werke drei Oberflächenebenen aufweisen. Carlos arbeitet mit einem lederfarbenen Steinzeugton, dem Magerungsmittel und Schamotte zugesetzt werden. Glasiert werden die Stücke entweder mit einer rauen Bariumglasur oder einer matten Ascheglasur.

Derek Emms (GB) arbeitet bei seinen Gefäßen aus Steinzeug und Porzellan ebenfalls mit den Techniken Kannelieren und Schnitzen, was möglicherweise von seiner Vorliebe für traditionelle Seladonkeramik herrührt. Er beschneidet seine Gefäße im lederharten Zustand mit selbst gemachten Schlingen – dreieckige für scharfe Kanten, U-förmige für flache, runde Rillen und runde Schlingen für größere runde Rillen. Für winkelige Rillen benutzt er das geschliffene Stück eines Bügelsägeblattes. Die geschnitzten oder kannelierten Dekore werden wunderbar ergänzt durch die verschiedenen Glasuren, die Derek verwendet (meist Seladon oder Temmoku), bei denen jede Linie und jede Form durch das leichte Zusammenlaufen der Glasur hervorgehoben wird.

14. Intarsien

Bei der Herstellung von Intarsien werden in Prägetechnik oder durch Entfernen von Teilen der Tonoberfläche flache Vertiefungen geschaffen, die mit einem Ton oder einer Engobe in einer kontrastierenden Farbe aufgefüllt werden. Später wird der überschüssige Ton von der Oberfläche abgeschabt, sodass ein klares Muster zum Vorschein kommt.

Schale, Korea, Koryo-Dynastie, 935-1392 n. Chr., H 6,7 cm, Ø 20 cm. Seladonglasur über Einlegedekor. Steinzeug. *Glasgow Museums: The Burrell Collection (38/346).*

Geschichte

Die wohl bekannteste historische Keramik mit Intarsiendekor wurde während der koreanischen Koryo-Dynastie (ca. 935-1392 n. Chr.) hergestellt. Es handelt sich um Töpferware mit schwarzweißem Einlegemuster unter einer graugrünen Seladonglasur. Die Motive der Muster sind der Natur entlehnt und zeigen z. B. Chrysanthemen, Lotusblüten, Störche, Wolken, Weidenbäume usw.

Die Formen der Muster wurden ausgeschnitten und mit schwarzer oder weißer Engobe ausgefüllt. Manchmal wurden sich wiederholende Muster hergestellt, indem man Stempel eindrückte, die aus Holz bestanden, aus gebranntem Ton oder aus abgeschnittenen Bambusstöcken, die man zum Eindrücken von Kreisen unbearbeitet verwendete oder mit Einschnitten versah, die verschiedenartige Muster bewirkten. Während der Yi-Dynastie, die der Koryo-Dynastie folgte, wurde weiterhin Keramik mit Einlegearbeiten produziert, allerdings in einem völlig anderen Stil. Meist wurden die Dekore nicht mehr geschnitzt, sondern man versah die gesamte Oberfläche der Gefäße mit Prägungen von Siebgeweben, Schraffuren oder Blüten, die mit einer weißen Engobe bestrichen wurden. Die überschüssige Engobe wurde abgewischt und blieb nur in den Vertiefungen zurück. Der japanische Begriff »Mishima« wird heute allgemein nicht nur für diese koreanische Intarsienkeramik benutzt, sondern auch zur Beschreibung der Einlegetechnik im Allgemeinen.

Wie bereits in vorangegangenen Kapiteln erwähnt, wurden die Ritzdekore von prähistorischen Gefäßen oft mit einem weißen Material ausgefüllt, um das Muster hervorzuheben und einen stärkeren Kontrast mit der Hindergrundfarbe des Gefäßes zu bewirken. Solche Keramiken entstanden in der Bronzezeit auf den Kykladen (3200-2200 v. Chr.), in der frühen und mittleren Bronzezeit auf Zypern (2700-1650 v. Chr.) sowie während der C-Gruppen-Kultur in Nubien (2200-1500 v. Chr.). Auch manche neolithische Kelche aus Britannien und Europa weisen Abdruckmuster (von Zahnkämmen) auf, die durch Auslegen mit einer weißen Paste verfeinert wurden. Diese Paste enthielt zerriebene, verbrannte Knochen oder zerstoßene Kalkfossilien.

Technik

Manche der in vorherigen Kapiteln beschriebenen Techniken kann man als Vorstufen für Einlegearbeiten bezeichnen (z. B. Stempel, Rollstempel und Rollkordel). Auch Muster, die in anderen Techniken entstanden – etwa durch wiederholtes Eindrücken natürlicher oder künstlicher Gegenstände – eignen sich für Intarsien. Ich möchte im Folgenden aber Intarsien anführen, die im Anschluss an das Entfernen von Material entstehen, wie dies beim Ritzen, Kämmen oder Schnitzen der Fall ist, und weniger auf Vertiefungen eingehen, die durch Prägung entstehen. Die folgenden Beschreibungen verschiedener Methoden der Herstellung von Einlegemustern, bei denen farbige Tonmassen und Engoben verarbeitet werden, enthalten Anweisungen und hilfreiche Hinweise zu verschiedenen Aspekten dieser Technik.

Moderne Praktiken

Der australische Töpfer Lex Dickson arbeitet oft mit Intarsien (siehe Foto Seite 94). Wenn das Gefäß den dekorierfähigen Zustand erreicht hat, wird zunächst das geplante Muster vorgezeichnet. Beim Einritzen der waagerechten Linien steht das Gefäß auf der Scheibe, danach wird der Rest des Musters ausgeschnitten. Mit einem weichen Pinsel wird eine erste Schicht Engobe so aufgetragen, dass möglichst keine Luftblasen entstehen. Wenn die Schicht lederhart getrocknet ist, folgt die nächste usw., bis vier oder fünf Engobeschichten aufliegen. Wichtig ist, dass das Gefäß zwischen den Aufträgen nicht zu stark austrocknet, sonst könnte es passieren, dass die Engobe vom Scherben abblättert. Nachdem alle Schichten aufgetragen und getrocknet sind, wird die Engobe zunächst grob abgeschabt, damit das darunter liegende Muster sichtbar wird. Dann folgt ein abschließendes, vorsichtiges Abschaben, bei dem darauf zu achten ist, dass nichts von der Gefäßoberfläche entfernt wird. Nach dem Schrühbrand wird eine Holzasche- oder Nephelinsyenitglasur dünn aufgetragen und bei 1280 bis 1300 °C gebrannt. Lex verwendet vorwiegend eine dunkle Steinzeugmasse ohne Eisenspecks. Die Muster werden mit einer weißen Steinzeugengobe ausgefüllt. Die Technik lässt sich auch umkehren, indem man weißes Steinzeug mit einer dunkleren Engobe auslegt. Die Engobe kann durch Zugabe von Oxiden oder Farbkörpern eingefärbt werden. Über seine Arbeit schreibt Lex:

> Mein Interesse an der Einlegetechnik mit Engobe entwickelte sich aus meinem Studium koreanischer Gefäße der Yi- und Koryo-Dynastien. Mich faszinierte, dass die Dekore auf diesen Werken kompliziert und subtil sind. Ich interessiere mich seit vielen Jahren für Geometrie, aber auch für die Gefäße einheimischer Töpfer aus vielen Ländern, z. B. Afrika und Neuguinea, und diese Kombination hat mich bei der Wahl dieser Dekorationsform beeinflusst. Besonders gefällt mir, wie Teile der Umwelt in Form von einfachen geometrischen Mustern von diesen frühen Töpfern wiedergegeben werden. Dies übt noch immer einen starken Einfluss auf meine Arbeit aus.

Auch der amerikanische Künstler David Roesler arbeitet mit Intarsien. Mit Platten aus rotem Steingutton stellt er skulpturale Formen her, die über eine breite Palette an Oberflächenmustern und Farben verfügen. Bisweilen kommen sechs separat eingelegte Farben vor. Bei manchen seiner Formen ist die Unterseite geschwungen oder spitz, und sie ruhen auf speziell angefertigten Ständern (siehe Foto Seite 95). Außerdem verfügen manche Objekte über abnehmbare Stöpsel, unter denen sich weitere Einlegemuster verbergen. Einen der Gründe für sein Arbeiten mit Intarsien beschreibt David so: »Diese Methode gestattet es mir, so lange wie möglich an einem Objekt zu arbeiten, das lederhart ist, also in dem Zustand, den ich im ganzen keramischen Prozess am meisten schätze.« (Siehe Fotosequenz auf den Seiten 96 und 97).

Mit dem vorbereitenden Schnitzen für die erste einzulegende Farbe wird begonnen, wenn das Stück lederhart getrocknet ist. David fährt mit dem Schnitzen fort, wobei er mit verschiedenen selbst gemachten Werkzeugen arbeitet, z. B. mit Schnitzmessern mit punktförmigen, dreieckigen und anderen Spitzen. Mit Bohraufsätzen, die er vorsichtig zwischen den Fingern dreht, stellt er verschieden große Punkte her. Bevor die Engobe aufgetragen wird, werden manchmal die Tonkrümel aus den geschnitzten Bereichen mit einem Pinsel für Ölmalerei entfernt. Die ausgeschnittenen Bereiche werden mit der ersten Farbengobe bestrichen. Dabei können mehrere Schichten nötig sein, bis sie ganz ausgefüllt sind. Dann wird das Stück in Plastik eingepackt, bis die Engobe lederhart angetrocknet ist. Wenn Engobe und Ton die gleiche Konsistenz haben, wird mit dem Schaben begonnen. Dafür nimmt David bei konvexen und flachen Oberflächen eine Rasierklinge oder Metallschiene mit gerader Kante, bei konkaven Flächen (die Innenseite von Schüsseln usw.) eine Rasierklinge mit runder Kante. Dieser Vorgang wird bei allen weiteren Farben wiederholt. Jedes Mal wird das Objekt abgeschabt und auch Engobereste

Lex Dickson (Australien): Schale, Ø 38 cm. Steinzeug, Intarsien aus weißer Steinzeugengobe. Holzasche- und Temmokuglasur.

von vorherigen Farben werden entfernt. Dabei muss man vorsichtig vorgehen, damit man nicht die bereits eingelegten Bereiche ebenfalls mit abschabt.

Wenn die Intarsien fertig gestellt sind und das Objekt weißtrocken ist, reinigt David manchmal die Oberfläche mit feiner Stahlwolle. Er betont, dass bei diesem Arbeitsschritt das Tragen einer Staubmaske unbedingt nötig ist. Dann wird das Stück bei 1000-1020 °C geschrüht. Nach dem Schrühbrand werden einige Partien mit Unterglasurfarben versehen, sodass größere Farbbereiche entstehen und eine interessante Detailtiefe auf einer glatten Oberfläche erreicht wird. Die Arbeit wird mit einer transparenten, seidenmatten oder glänzenden Glasur bepinselt und bei 980-1000 °C gebrannt. Bei Verwendung einer seidenmatten Glasur sieht das fertige Objekt seinem lederharten Vorgänger äußerst ähnlich. David betont, dass es bei »Mishima« sehr stark auf eine feine Masse ankommt. Schon ein Körnchen Sand oder Schamotte kann beim Schaben dazu führen, dass die Oberfläche und das

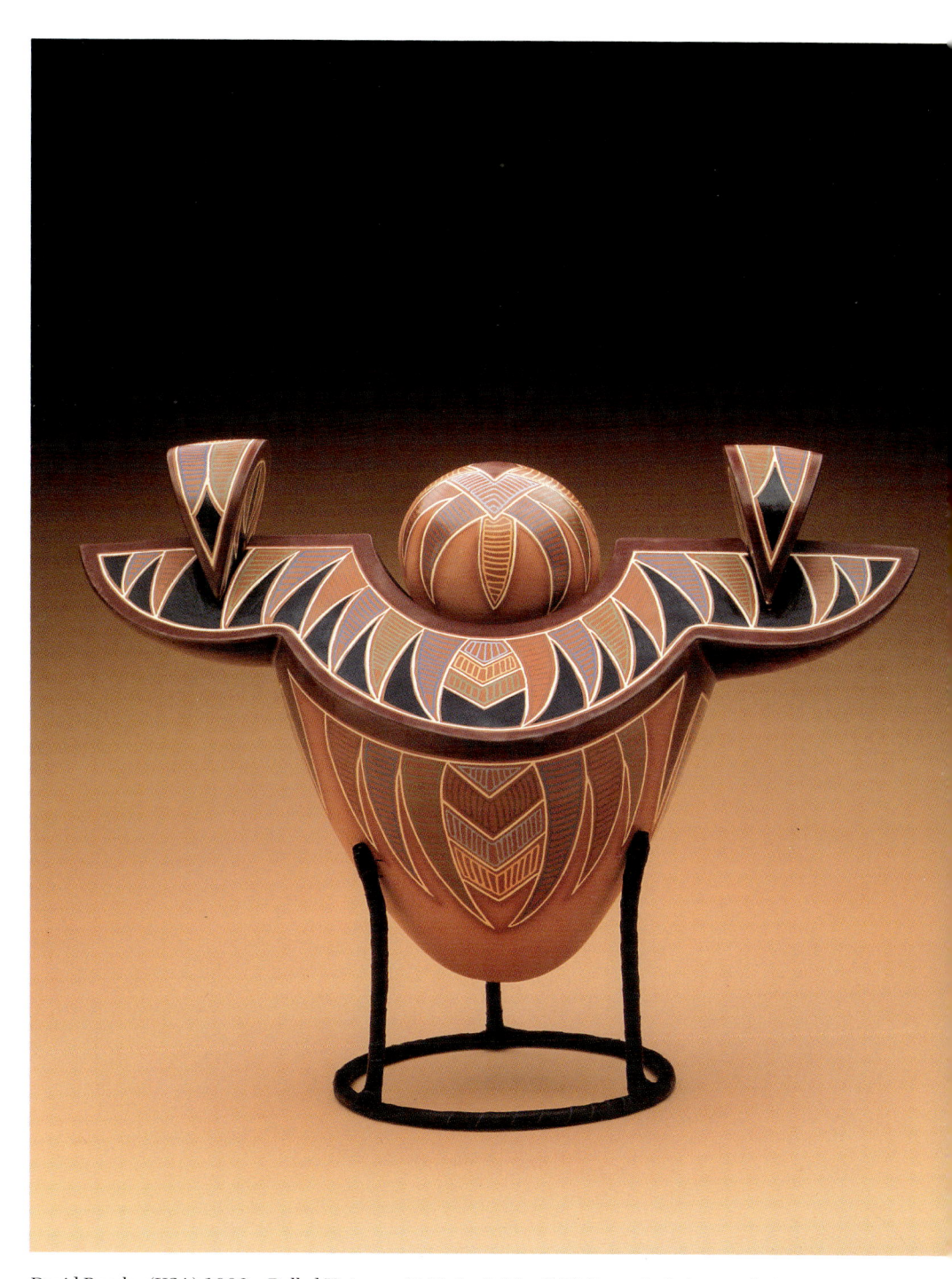

David Roesler (USA) 1992: »Balled Victory«. H 45,5 x B 53 x T 30,5 cm. Aufgebautes Steingut. Mishima, Unterglasurfarben, seidenmatte Transparentglasur. Auf einem Ständer aus Stahl und Leder. *Foto: Gary Garnick. Aus einer Privatsammlung, Los Angeles, Kalifornien.*

Oben
David Roesler schnitzt Bereiche aus, die mit der ersten Farbengobe ausgelegt werden sollen.

Unten
Die erste Farbe wird in die ausgeschnittenen Bereiche gepinselt.

Oben
Überschüssige Engobe wird mit der scharfen Seite einer Rasierklinge abgeschabt.

Unten
Der Vorgang des Schnitzens, Einpinselns und Entfernens von Engobe wiederholt sich, bis das Muster, das aus verschiedenen Farben besteht, vollendet ist. *Fotos: Brad Fowler.*

Jutka Fischer (GB): »Two vases with birds and fish«. Geformt aus Tonplatten mit farbigen Intarsien. Zusätzlich mit Unterglasurfarben dekoriert. Steingut.

Muster zerkratzt werden. Nach vielen Experimenten verwendet er jetzt eine rote Steingutmasse, die von Hand trocken gesiebt und dann angemischt und geschlagen wird. Das Werk von David Roesler verdeutlicht eindrucksvoll, wie eine traditionelle Technik wie »Mishima« auf kreative Weise neu interpretiert und bei der Schaffung von zeitgenössischer Töpferkunst eingesetzt werden kann.

Auch Jutka Fischer arbeitet mit der Intarsientechnik, aber ihre Einlegearbeiten entstehen nicht durch Bepinseln mit Engobe, sondern sie verwendet eingefärbte Massen. Ein weißer Steingutton wird getrocknet, pulverisiert, mit Farbkörpern gemischt und zu verschiedenfarbigen Tonmassen verarbeitet. Aus diesen Massen werden Platten gerollt und miteinander zu großen Patchwork-

Platten verbunden, aus denen dann von Hand eine Reihe asymmetrisch geformter Gefäße aufgebaut werden. Manchmal werden die Tonplatten in Gipsformen für Schalen oder Schüsseln gelegt und in der Form verbunden. Wenn der Ton lederhart ist, werden Henkel und Ausgüsse angesetzt. Danach werden Dekore auf die Bereiche aus gefärbtem Ton gezeichnet. Diese Muster werden bis zu einer Tiefe von etwa der Hälfte der Stärke der Tonplatte ausgehoben. In die Vertiefung werden Tonstücke von kontrastie-

Mick Casson (GB): Behälter mit Deckel, H 30,5 cm, B 30,5 cm. Schwerer, eisenhaltiger Scherben mit Einlegemuster aus Porzellanengobe, darüber raue Ascheglasur. Steinzeug.

render Farbe gedrückt, und das Gefäß wird über Nacht in Folien aus Polyethylen eingepackt, sodass die weiche Tonintarsie antrocknen kann. Am nächsten Tag wird überschüssiger Ton abgeschabt und weitere Intarsien werden angelegt. Je nach der Komplexität des Dekors kann die Fertigstellung eines Gefäßes

99

drei oder vier Tage dauern. Man lässt es über einen Zeitraum von zwei Wochen sehr langsam trocknen. Abschließend wird die Oberfläche durch Schmirgeln mit feiner Stahlwolle gesäubert. Bei 1060 °C wird geschrüht und anschließend die Innenseite mit einer Transparentglasur versehen. Mit Unterglasurfarben in Stiftform werden dann feine Details angelegt, die der ansonsten flachen Wirkung der Intarsie mehr Tiefe verleihen. Als Nächstes wird die Außenseite des Gefäßes mit einer weichen, transparenten und matten Tonerdeglasur besprüht, und es folgt der Glattbrand bei 1000 °C. Jutka kommentiert: »Wenn die Glasur die richtige Stärke hat und die Temperatur stimmt, entsteht eine seidig glatte Oberfläche mit einem leichten Glanz – ähnlich wie bei poliertem Baumwollstoff.«

Die Intarsientechnik haben auch Sheila und Mick Casson eingesetzt. Sheila hat aus Porzellan Schüsseln mit landschaftlich inspirierten Dekoren hergestellt. Zunächst hat sie das Muster mit dem Stachel eines Stachelschweins im lederharten Zustand eingeritzt und dann die Linien mit einer dickflüssigen Engobe ausgefüllt, die aus dem mit Kobalt und Eisenoxid versetzten Porzellanton bestand. Zusätzliche Dekormethoden waren Aussparen mit Papier oder Flüssiggummi und das Aufsprühen von Oxiden. Zum Schluss wurden weitere Linien durch die farbigen Bereiche geritzt, sodass der darunter liegende Porzellanton zum Vorschein kam.

Micks Intarsien finden sich meist auf großen Vorratsbehältern und Schalen mit Fuß, die aus einem eisenhaltigen Ton bestehen. Zum Einritzen des Musters wurde ein Lutscherstiel verwendet, in dessen abgeflachtes Ende eine Kerbe geschnitten wurde. Das Muster wurde mit Porzellan (dem etwa 10 % Ball Clay beigefügt wurde, damit es besser hält) ausgelegt und der überschüssige Ton abgeschabt. Dann wurde das Stück in eine dünne Engobe aus China Clay und Ball Clay im Verhältnis 1:1 getaucht. Diese Engobe wurde dann abgerieben und die Porzellanintarsie und verschiedene ausgewählte Bereiche freigelegt. Die Gefäße brannte Mick mit einer rauen Ascheglasur im Ölofen bei 1280 °C. Mick meint zu seinen Arbeiten: »Die Technik und die ästhetische Inspiration stammen von einem einzigen wundervollen Gefäß aus Zypern (ca. 2000 v. Chr.) – es ist aufgebaut, nicht gedreht.«

Die in diesem Kapitel vorgestellten Werke belegen auf eindrucksvolle Weise, wie viele verschiedene Gestaltungsmöglichkeiten die Intarsientechnik bietet.

Teil 3
Persönlicher Stil

Behälter mit Deckel, China, Han-Dynastie, 206 v. Chr.-220 n. Chr. Verspieltes Vogel-Ritzmuster unter Feldspatglasur. Hochgebranntes Steingut. *Glasgow Museums: The Burrell Collection (38/48)*.

15. Gesten in Ton

Wenn eine Spur in Ton hinterlassen wird, ist sie selbst eine Wiedergabe der Handlung, die sie verursacht hat. Manche Spuren zeugen von langsamen, überlegten, kontrollierten Handlungen, andere von kraftvollen, spontanen Gesten. Wenn eine Spur eine spontane Geste aufzeichnet, belegt sie nicht nur die physische Handlung, die sie verursacht hat, sie vermittelt auch etwas vom Gefühl, das in dieser Handlung steckt.

Für manche Künstler/innen sind die Gesten/Handlungen, die sie bei der Arbeit an jedem ihrer Werke ausüben, an sich schon ein wichtiger Bestandteil der künstlerischen Gesamtaussage.

Neil Tetkowski in seinem Atelier.

NEIL TETKOWSKI

Neil Tetkowski ist ein amerikanischer Keramikkünstler, der in Buffalo im Staat New York lebt. Viele Jahre lang war er wegen der sehr großen gedrehten Scheibenformen bekannt, mit denen er experimentierte. Sie hatten einen Durchmesser von bis zu einem Meter und wurden aus etwa 136 kg Ton hergestellt. Sein Atelier befindet sich in einem früher blühenden Industriegebiet mit mehreren Stahlwerken. Die Überreste dieser Industrie befinden sich immer noch dort. Nach und nach hat diese Umgebung Neils Arbeit beeinflusst. In einer Reihe mit dem Titel »American Iron and Steel Series« aus dem Jahre 1986 arbeitete er mit Gegenständen wie Zahnrädern,

Schienennägeln, Kettenrädern und Ketten, mit denen er kraftvolle Schnitte und Abdrücke in den Oberflächen von großen gedrehten Scheiben schuf. Später bettete er einige Objekte dauerhaft in den Ton ein. Diese Reihe zeigt Neils Reaktion auf das Leben in der Moderne unter dem Einfluss der industriellen Revolution.

In letzter Zeit stellt seine Arbeit eine Verbindung von Keramik und Performance dar. Bei einem dieser Events, der während des Golfkrieges stattfand, wurde vor einem geladenen Publikum eine Scheibe von einem Meter Durchmesser gedreht und dann auf den Boden abgesenkt. Umgeben von spielenden Jazzmusikern begann Neil dann, die Oberfläche der Scheibe zu bearbeiten, wobei seine Handlungen zur Musik passten. Mit einzelnen Patronen und Patronen-

Neil Tetkowski (USA) 1991: »Railroad Mandala Series (RMS) #3«. Ø 55 cm. In dieser Reihe »kommen Gegenstände aus der amerikanischen Schienenindustrie vor. In jedes Objekt sind vier Schienennägel integriert. In der Tradition der Mandalas sind sie symmetrisch auf jeder Scheibenform angeordnet.« *Foto: Bruce Mayer.*

Neil Tetkowski bei der Arbeit an einem Objekt, das seine Antwort auf den Golfkrieg darstellt.

gürteln wurde der Ton mit Abdrücken, Kammspuren und Aushöhlungen versehen. Die Objekte, die diese Spuren verursachten, wurden auf dem Ton angeordnet und in ihn eingebettet. Das fertige Werk aus Ton mit dem Titel »Ground War« wurde später in Bronze gegossen.

In einer anderen Reihe, der »Railroad Mandala Series«, tauchen Gegenstände aus der amerikanischen Eisenbahnindustrie auf. In jedem Werk sind vier Schienennägel integriert (siehe Foto Seite 103). Die Reihe bestand aus Scheiben- und »Schornstein«-Formen.

Vor dem Brennen werden die Stücke mit Terra sigillata besprüht, der zuvor Farboxide beigemischt wurden. Während des Brandes bei 960 °C wird etwas Salz in den Ofen gegeben. Die Oberfläche des gebrannten Objektes weist zarte Farbvarianten auf, meist blasse Blau- oder Rosatöne (verursacht durch die Verbindung der Terra sigillata mit dem Brennverfahren), die einen starken Kontrast zu den schroffen Aushöhlungen, Schnitten und Abdrücken bilden, besonders aber zu den im Brand bisweilen schwarz gewordenen Stahlobjekten, die im Ton eingebettet bleiben. So gelingen Neil starke künstlerische Aussagen durch die Integration von gefundenen künstlich hergestellten Objekten, die dazu führt, dass die Energie und Kraft, die bei jedem Werk eingesetzt wird, sich deutlich im fertigen Werk widerspiegelt.

16. Zeichnen in Ton

Die Plastizität von Ton lädt zur Bearbeitung und Dekoration geradezu ein. Das Zeichnen in Ton mit einem spitzen Gerät gehört zu den unmittelbarsten Techniken. Während man Zeichnungen meist mit Flächen assoziiert, erschließt sich beim Zeichnen in Ton durch die Beschaffenheit des Materials eine neue Dimension. Auch wenn man mit einer flachen Tonplatte arbeitet, wird die Spur im Ton hinterlassen und nicht einfach auf der Oberfläche, und es entsteht eine Vertiefung und ein Schatten.

FRANK BOYDEN

Dieses Kapitel befasst sich mit dem Werk von Frank Boyden, einem amerikanischen Töpfer und Künstler, der sich seit einigen Jahren auf das Zeichnen in Ton konzentriert. In der folgenden Darstellung werden Einzelheiten genannt zu den von ihm verwendeten Werkzeugen, seinem Ansatz beim Zeichnen in Ton und zu seinem Zeichenstil, der von der Tatsache beeinflusst wird, dass die meisten seiner Keramiken in einem Holzofen gebrannt werden. Zu Franks Werkzeugen und Vorrichtungen beim Zeichnen:

> Ich habe schon mit fast allem gearbeitet, das sich irgendwie eignet, und besitze eine umfangreiche Sammlung an Zeichenwerkzeugen. Sie sind sehr wichtig, und für eine bestimmte Wirkung benötigt man ein bestimmtes Werkzeug. Ich benutze zum Zeichnen eine Vielzahl von Knochen, am häufigsten einen kleinen, spitzen Knochenrest vom Vorderbein eines Elchs. Den hat mir eine alte Frau in Alaska gegeben. Ich arbeite mit den Stacheln afrikanischer Stachelschweine, weil sie leicht und zart sind. Ich verwende Schweißelektroden verschiedener Größen und Gewichte und sehr harte Bleistifte, die ich anspitze. Ich benutze meine Finger, gezahnte Metallschienen, Messerklingen... Jedes Objekt hinterlässt eine andere Spur. Oft fällt mir auf, dass ein Werkzeug, mit dem sich feine Schnitte in weiches Porzellan machen lassen, für das Ritzen in schweren, harten Skulpturenton nicht geeignet ist. Es gibt einen direkten Zusammenhang zwischen dem Werkzeug, dem damit gemachten Zeichen und – wie ich finde – der Art, wie sich das Werkzeug anfühlt. Ich habe Werkzeuge, mit denen ich seit Jahren arbeite, mit ihnen habe ich Tausende von Gefäßen eingeritzt. Sie sind gute Freunde von mir, und mit der Zeit habe ich gelernt, wie ich sie verwenden muss. Ich bin der Meinung, dass man mit allem arbeiten kann und sollte. Alles hinterlässt Spuren und individuelle Linien.

Über das Zeichnen in Ton hat Frank in der Zeitschrift *The Studio Potter* (Ausg. 14, Nr. 1) geschrieben:

> Meine Zeichnungen auf Ton beruhen in den meisten Fällen auf dem Einritzen von Linien. Das Ritzen ist sehr direkt, und vom Ton hängt es ab, wie eine solche Zeichnung aussieht und sich anfühlt. Geritzte Linien sind aktiv, und da sie hohl sind, sind sie direkt der Einwirkung des Lichtes ausgesetzt. Diese Interaktion verur-

Frank Boyden – diese beiden Fotos zeigen Phasen der Herstellung einer sehr großen Skulptur. Das Objekt wurde später in Bronze gegossen.

sacht Schatten, täuscht Tiefe vor und kann zu einer optischen Auflösung von Raum und einer radikalen Änderung der Form führen. Eine solche direkte Konfrontation von Tonkanten, innerem Raum und Licht ermöglicht kraftvolle und lebendige Zeichnungen, eine Wirkung, wie sie auf flachen Zeichnungen nicht möglich ist. Zudem besitzt das Ritzen den Vorteil, dass es Strukturen schafft, und Linien, die auf diese Weise entstehen, legen alles offen. Man wird sich sofort der Kanten, der Linien, der aufgeworfenen Grate, des Reißens des Tons bewusst und – besonders wichtig – der Struktur auf der Innenseite des Materials. Bei einem solchen Zeichenansatz werden auch die Zustände deutlich, die der Ton durchlaufen hat, während er bearbeitet wurde. Das ist einzigartig. Die Ritztechnik sagt eine Menge über den Zeichnenden aus, über die Sicherheit seines Blicks und über die Kinästhesie des Verfahrens, das der einzelnen Zeichnung zugrunde liegt.

Gefragt, ob er bereits ein Gesamtbild im Sinn hat, bevor er mit dem Zeichnen beginnt, und welches sein persönlicher Ansatz beim Zeichnen ist, meint er:

Ja, meistens schwebt mir ein (allgemeines) Bild vor, bevor ich anfange, aber ich zeichne nie Bilder auf Papier vor, um sie auf ein Gefäß zu übertragen, denn es ist unmöglich, ein flaches Bild auf eine runde Form zu bringen. Eine flach angelegte Zeichnung wird zu sehr verzogen, wenn man versucht, sie um einen Zylinder oder eine Kugelform zu legen. Es ist schon schwierig genug, überhaupt eine gute Zeichnung zu machen!

Wenn man eine Zeichnung mit einem Stift zu Papier bringt, kann man sie unmöglich auf eine Kugelform übertragen. Ton ist fürs Zeichnen das schönste Material der Welt. Geritzte Zeichnungen sind so reichhaltig und vermitteln realen Raum, realen Schatten und reales Licht. Diese Aspekte kann ein flaches Papier nie bieten. Wenn ich arbeite, stelle ich

Frank Boyden (USA): Teller, Ø 66 cm. Holzgebranntes Steinzeug. *Foto: Jim Piper.*

Serien von acht bis zehn Objekten her. Auf denen entwerfe ich eine Zeichnung. Mit Glück kann ich eines oder zwei von ihnen am Ende brennen.

Die Inspiration für die Bilderwelt in Franks Werk entstammt oft seiner Umgebung. Zu den wiederkehrenden Themen seiner Arbeiten gehören Raben, Reiher und Lachse. Was mögliche Einflüsse durch historische oder prähistorische Kunstwerke angeht, schreibt er:

Ich bin in Malerei, Drucktechnik und Kunstgeschichte ausgebildet. Daher halte ich es für unmöglich, irgendein Werk zu schaffen, ohne beeinflusst zu sein. Mich interessiert das Zeichnen auf runden Formen und die Wahrnehmung von Zeichnungen in drei Dimensionen. Deshalb bin ich beeinflusst von den Zeichnungen auf neolithischen chinesischen Gefäßen, minoischen und griechischen Werken. Mich faszinieren peruanische Nazca-Gefäße ebenso wie zeitgenössische Arbeiten vom Oberlauf des Amazonas. Ich arbeite oft mit Tierbildern und beschäftige mich intensiv mit Werken, die solche Bilder verwenden: altsteinzeitliche Malereien und besonders kleine Knochenschnitzereien, Chimú-Keramiken aus Peru, Mimbres-Keramiken aus New Mexiko und frühe Zuni-Werke. Ich bin begeistert von den winzigen Elfenbeinschnitzereien für Eskimokinder, in denen alle Tiere der Arktis dargestellt werden.

In den letzten zehn Jahren hat Frank die meisten Keramiken in einem Anagama-Ofen holzgebrannt, was einen direkten Einfluss auf seinen Zeichenstil hatte.

Das ist eine grobe Brenntechnik, bei der häufig Linien verdeckt und Details verborgen werden. Um den größtmöglichen Nutzen aus der Art zu ziehen, wie der Ofen sich verhält, sind meine Zeichnungen gröber geworden, stärker eingeschnitten und mit Graten, an denen sich die Asche verfängt. Oft ist die Innenseite eines Schnittes von einer ganz anderen Farbe als die Oberfläche des Objektes. Bei holzgebranntem Porzellan habe ich Farbkörper in die Ritzen gerieben, damit sie deutlicher zu sehen sind. Heute arbeite ich mit Massen aus Limoges in Frankreich und aus Tschechien, weil sie eine schöne Farbe besitzen. Diese Tonarten ritze ich nur sehr vorsichtig ein, denn ich bringe es einfach nicht fertig, sie grob zu behandeln. Oft versuche ich, von der Innenseite her zu zeichnen, indem ich die Haut des Objektes nach außen drücke und die Oberfläche nur minimal bearbeite. Solche Werke kommen im Holzofen meist sehr gut zur Geltung, denn der Ascheregen setzt sich auf allen diesen Erhebungen der Oberfläche ab, sodass ich, wenn ich vorsichtig bin, diese Technik zum Schattieren der Oberflächenzeichnung verwenden kann.

Die Arbeit mit Ton ist nur ein Aspekt von Franks künstlerischem Schaffen. Er stellt auch Drucke her, Lithographien, Stiche, Siebdrucke und er arbeitet auch in Stein und mit Bronze. Er fand heraus, dass er die besten Eigenschaften von Ton auf Metall übertragen und ohne Schwierigkeiten wundervolle Farben und unglaubliche Haltbarkeit erreichen kann. Bei der Entscheidung, sein Werk auf dieses Medium auszudehnen, war der wichtigste Aspekt das Format. So ist es ihm gelungen, Bereiche zu erforschen, die ihm mit Ton allein verschlossen geblieben wären.

Schlussbemerkung

Die Fülle der beschriebenen Arbeiten macht deutlich, wie vielseitig Präge- und Ritztechniken sein können und welche Bandbreite an persönlichen Ausdrucksformen mit den beiden grundlegenden Techniken möglich ist.

Es hat sich gezeigt, dass diese Methoden sich für viele Glasur- und Brenntechniken eignen. Geprägte und geritzte Spuren können der erste Schritt beim Aufbau komplexer Wirkungen sein, bei denen Farbengoben und mehrschichtige Glasuren zum Einsatz kommen. Auch sind sie oft Ausgangspunkt für besonders ruhige Werke, bei denen die Oberfläche nur durch die Flammenspuren und den Ascheanflug zusätzlich verziert wird, die beim Hochtemperatur-Holzbrand entstehen.

Während einige zeitgenössische Keramiker/innen die Techniken des Prägens und Einritzens mit modernsten keramischen Materialien verbinden, machen andere von Methoden Gebrauch, die sich seit vorgeschichtlichen Zeiten kaum verändert haben. Da die Keramiktechnologie sich weiterentwickelt und immer neue Methoden und Materialien für das Färben und Dekorieren von Tonoberflächen hervorbringt, dürften die Kraft und Vielfalt der heute geschaffenen Werke und die dadurch ermöglichte Direktheit und Spontaneität des Ausdrucks auch weiterhin all diejenigen faszinieren, die das direkte Arbeiten mit Ton zu schätzen wissen.

Tasse (Ausschnitt – Ansicht von unten), East Lothian, Schottland, ca. 1900-1500 v. Chr., H 6,5 cm. Ritzdekor.
© *The Trustees of the National Museums of Scotland 1996 (EC 4). (Siehe Foto Seite 77.)*

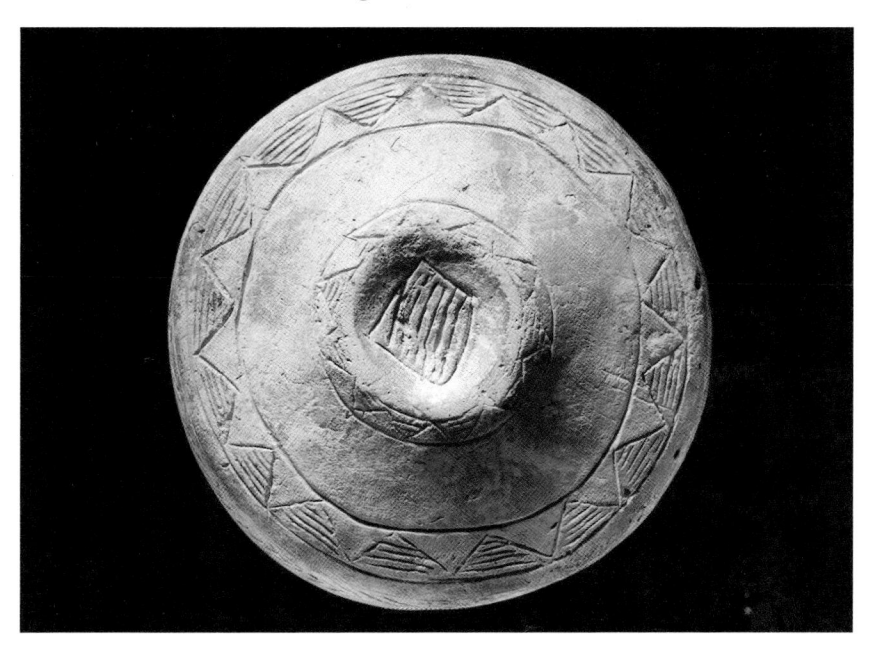

Bibliografie

Bücher

Barley, Nigel, *Smashing Pots – Feats of Clay from Africa*. British Museum Press, 1994

Beard, Peter, *Keramische Ausspartechniken*. Haupt Verlag, 2001

Birks, Tony, *Faszination Töpfern*. Haupt Verlag, 1998 (2., erg. Auflage)

Blandino, Betty, *Coiled Pottery – Traditional and Contemporary Ways*. A & C Black, 1984

Bourriau, Janine, *Umm El-Ga'ab – Pottery from the Nile Valley before the Arab Conquest*. (Ausstellungskatalog, Fitzwilliam Museum, Cambridge) Cambridge University Press, 1981

Briscoe, Teresa, »*Anglo-Saxon Pot Stamps*«, Anglo-Saxon Studies, in: Archaeology and History, 2, 1981

Brown, A. C. und Catlin, H. W., *Ancient Cyprus*. Ashmolean Museum, University of Oxford, 1986

Casson, Michael, *The Craft of the Potter*. BBC, 1983

Clarke, D. L., *Beaker Pottery of Great Britain and Ireland* (2 Bde.). Cambridge University Press, 1970

Clarke, D. V., Cowie, T. G. und Foxon, A., *Symbols of Power at the Time of Stonehenge*. HMSO, Edinburgh, 1985

Elsdon, Sheila M., *Later Prehistoric Pottery*. Shire Archaeology, 1989

Fitton, J. Lesley, *Cycladic Art*. British Museum Press, 1989

Gibson, Alex, *Neolithic and Early Bronze Age Pottery*. Shire Archaeology, 1986

Gibson, Alex und Wood, Ann, *Prehistoric Pottery for the Archaeologist*. Leicester University Press, 1990

Gibson, John, *Pottery Decoration – Contemporary Approaches*. A&C Black, 1987

Gompertz, G. St. G. M., *Korean Celadon and Other Wares of the Koryo Period*. Faber and Faber, 1958

Gompertz, G. St. G. M., *Korean Pottery and Porcelain of the Yi Period*. Faber and Faber, 1968

Goring, Elizabeth, *A Mischievous Pastime – Digging in Cyprus in the Nineteenth Century*. National Museums of Scotland, 1988

Haslam Jeremy, *Medieval Pottery*. Shire Archaeology, 1989

Hennessy, Basil, *Masterpieces of Western and Near Eastern Ceramics*. Nr. 1 *Ancient Near Eastern Pottery*. Kodansha, 1979

Kennett, David H., *Anglo-Saxon Pottery*. Shire Archaeology, 1989

Kidder, J. Edward, *Prehistoric Japanese Arts – Jomon Pottery*. Kodansha, 1976

Lacy, A. C., *Greek Pottery in the Bronze Age*. Methuen & Co. Ltd., 1967

Leigh-Ross, Sylvia, *Nigerian Pottery*. Ibadan University Press, 1970

Lewis, David, *Warren MacKenzie – An American Potter*, Kodansha, 1991

Mansfield, Janet, *Salt-glaze Ceramics – An International Perspective*. Craftsman House (Australien) und A & C Black (GB), 1991

May, Patricia und Tuckson, Margaret, *The Traditional Pottery of Papua New Guinea*. Bay Books, 1982

McKillop, Beth, *Korean Art and Design – The Samsung Gallery of Korean Art*. Victoria and Albert Museum, 1992

Medley, Margaret, *The Chinese Potter – A Practical History of Chinese Ceramics*. Phaidon, 1986

Mikami, Tsugio, *The Art of Japanese Ceramics*. Weatherhill, New York, und Heibonsha, Tokio, 1976

Moorey, P. R. S., *Archaeology, Artefacts and the Bible*. Ashmolean Museum, University of Oxford, 1969

Moorey, P. R. S., *The Ancient Near East*. Ashmolean Museum Publications, University of Oxford, 1987

Morris, Desmond, *The Art of Ancient Cyprus*. Phaidon, 1985

Perryman, Jane, *Rauchbrand-Töpferei*. Haupt Verlag, 1998 (2. Aufl.)

Rackham, Bernard, *Medieval English Pottery*. Faber and Faber, 1972

Rhodes, Daniel, *Clay and Glazes for the Potter*. Chilton (USA) und A & C Black (GB), 1975

Rhodes, Daniel, *Stoneware & Porcelain – The Art of High-fired Pottery*, Pitman Publishing, 1971

Roy, Christopher, D., *Woman's Art in Africa – Woodfired Pottery from Iowa Collections*. (Ausstellungskatalog, University of Iowa Museum of Art) 1991

Sanders, Herbert H., unter Mitarbeit von Kenkichi Tomimoto, *The World of Japanese Ceramics*. Kodansha, 1971

Scott, Paul, *Drucken auf Keramik*. Haupt Verlag, 2002

Taylor, John H., *Egypt and Nubia*. British Musum Press, 1991

Vainker, S. J., *Chinese Pottery and Porcelain – From Prehistory to the Present*. British Museum Press, 1991

Vandiver, Pamela, unter Mitarbeit von Olga Soffer und Bohuslav Klima, *»The Origins of Ceramics: Figurine Manufacture at Dolni Vestonice, circa 26 000 v. Chr.«*, in: *The Studio Potter*, 20 (1), Dezember 1991

Walker, C. B. F., *Cuneiform*. British Museum Press, 1993

Watson, William, *The Genius of China*. (Ausstellungskatalog, Royal Academy, London) 1973

Whitford, Philip und Wong, Gordon, *Handmade Potter's Tools*, Kodansha 1986

Zeitschriften

The Studio Potter, PF 70, Goffstown, New Hampshire 03045, USA, www.studiopotter.org (erscheint halbjährlich)

Ceramics Art and Perception, 120 Glenmore Road, Paddington, Sydney, NSW 2021, Australien www.ceramicart.com.au (erscheint vierteljährlich)

Ceramics Monthly, 735 Ceramic Place, PF 6102, Westerville, Ohio 43086-6102 USA, www.ceramicsmonthly.org

Ceramic Review, 25 Foubert's Place, London W1F 7QF, Großbritannien www.ceramic-review.co.uk (erscheint sechsmal jährlich)

Neue Keramik, Unter den Eichen 90, 12205 Berlin, Deutschland www.ceramics.de (erscheint sechsmal jährlich)

111

Index

Afrikanische Keramik 36
Ägypten, Tell-el-Yahudiyeh-
  Keramik 20

Bayer, Svend 24, 34
Boyden, Frank 105-108, 107
Bronzezeit 10, 12, 17, 49, 62, 63, 70,
  77, 92, 109

Casson, Mick 99, 100
Casson, Sheila 29, 30, 99
China
  Han-Dynastie 11, 101
  Shang-Dynastie 40
  Song-Dynastie 78, 79, 83, 84
  Südliche Dynastien 35, 36
  Zhou-Dynastie 8, 48
Crispin, Geoff 80, 82
Crumpacker, Lynne 86, 88

Deller, Harris 72, 74, 75
Dewar, Richard 80, 81, 82
Dickson, Lex 92, 93, 94

El'nigoumi, Siddig 73, 74
Emms, Derek 88, 90

Fischer, Jutka 94, 98
Frankenberger, Scott 33, 34, 53

Garratt, Jonathan 25, 26, 37, 38, 39
Glick, John 30

Hamlyn, Jane 2, 34, 38, 48, 54, 67, 68
Irak 69

Japan
  Jomon-Epoche 10, 12, 22, 35, 83
  Sueki-Keramik 78

Keeler, Walter 60, 81
Kelche 13, 16, 17, 23, 49, 63, 83, 92
Korea
  Koryo-Dynastie 28, 91
  Silla-Dynastie 28

Yi-Dynastie 28, 92
Kykladen 10, 13, 27, 45, 70, 75, 92
  Grotta-Pelos-Kultur 70
  Keros-Syros-Kultur 13, 27, 49

»La Tène«-Keramik 35

MacKenzie, Warren 9, 26, 43, 44, 58, 59
Mansfield, Janet 44, 75, 77
Minchin, Maureen 30, 31, 33, 66
Minogue, Coll 17, 18
Mittelalter 28, 32, 36, 38, 79

Neolithikum 10, 12, 17, 23, 38, 45, 49,
  63, 66, 92, 108
Nigeria 46, 79
Nubien
  C-Gruppen-Kultur 70, 71, 92
  Meroitische Epoche 27, 45

Papua-Neuguinea 40, 79, 83

Robison, Jim 46, 47
Roesler, David 93, 95, 96-97
Rogers, Phil 38, 41, 42, 43

Salmon, Antonia 85, 86, 87
Sanderson, Robert 56, 57, 58, 59
Schloessingk, Micki 13, 14
Schrammel, Imré 15
Shimaoka, Tatsuzo 25
Soldner, Paul 18, 21

Tetkowski, Neil 102-104
Thailand 40
Troy, Jack 14, 15
Tsivin, Vladimir 21

Van Reigersberg-Versluys, Carlos 88, 90

Walton, Sarah 75, 76

Yasuda, Takeshi 34, 50-53, 55, 61

Zimmerman, Arnold 88, 89

112